une vie de chien

Castor Poche
Collection animée par
François Faucher et Martine Lang

A Jérémy.

Une production de l'Atelier du Père Castor

MARIE-NOËLLE BLIN

une vie de chien

illustrations de
MARTINE BOURRE

Castor Poche Flammarion

Marie-Noëlle Blin, l'auteur, est née en 1944 dans un village d'Ile-de-France, quatrième d'une famille de six enfants.

Professeur de lettres, puis bibliothécaire spécialisée dans « la jeunesse », elle s'intéresse depuis toujours à la réalité des rapports entre enfants, et entre parents et enfants : un dialogue de sourds passionnant, sans cesse renouvelé, avec ses cocasseries et ses moments dramatiques...

Mariée à un Américain qui l'a entraînée quelque temps en Californie, elle vit actuellement à Paris, et s'efforce d'élever ses deux garçons de façon bilingue et biculturelle.

Elle est l'auteur de cinq livres pour la jeunesse : un album illustré et quatre romans centrés sur la vie quotidienne d'enfants de huit à douze ans.

Une vie de chien est son sixième ouvrage.

Martine Bourre, l'illustratrice, est née à Paris. Mariée et mère de deux filles, elle est depuis peu installée dans un village du pays d'Ouche où elle participe à la vie de l'école; à des spectacles de marionnettes et à différentes réalisations dans les ateliers de travaux manuels.

« Je crois au pouvoir magique de la tendresse, du rire et du chocolat, nous dit-elle, et je pense encore, à mon âge, devenir un jour cow-boy au Wyoming. Je m'obstine à réaliser mes rêves d'enfance, et l'illustration en fait partie, depuis que l'image d'un petit ours nommé Michka et quelques autres me collent à la mémoire. »

Une vie de chien :

Comment le désir d'avoir un chien à lui conduit Jérémie, dix ans, à défier pour la première fois l'autorité parentale et les principes de l'honnêteté.

Jérémie et son frère Martin (treize ans) habitent avec leurs parents un hameau de la vallée de la Marne.

Leur vie est perturbée par la présence d'un voisin original qui collectionne les animaux, en particulier les chiens (il en élève une trentaine !).

Le drame vient de ce que Jérémie n'a de cesse d'avoir un chien à lui pour toutes les raisons habituelles chez les enfants : c'est l'idée du chien plutôt que l'animal lui-même qui enflamme son imagination. Son désir devient si grand, face au refus obstiné de ses parents, qu'il vole un chiot au voisin et l'élève en cachette dans une cabane nichée dans un arbre.

Se met alors en route un engrenage de mensonges, accidents et catastrophes, à la fois burlesques et angoissants, qui aboutissent au drame...

Chapitre 1

Depuis son enfance la plus tendre, Jérémie n'a qu'un but dans la vie : avoir un animal à lui.

A trois ans, il a demandé à ses parents un singe. Juste un petit singe : Jérémie est un enfant qui a les pieds sur terre. Il n'aurait pas réclamé un gorille, un orang-outang, un chimpanzé, ni même un babouin... Il ne voulait qu'un modeste petit singe genre gibbon, atèle ou macaque du Japon, de ceux que l'on promène sur l'épaule sans qu'ils cherchent à se sauver contrairement aux chats et aux hamsters.

Pendant un an, il n'a parlé que de

cela, à en rendre fous père, mère et grand frère. Sa demande n'a pas eu de succès, mais pour ses quatre ans, son papa lui a offert un gibbon en peluche, sa maman, un chimpanzé-boîte à musique, sa grand-maman, un singe nain empaillé, et sa tante, un album où un bébé macaque joue du trombone.

Vers cinq ans et demi, Jérémie s'est pris d'une soudaine passion pour les pandas de Birmanie, ne me demandez pas pourquoi.

Le petit panda de Birmanie – à ne pas confondre avec le panda chinois commun, qui est plus gros, plus sauvage, noir et blanc de poil – était, selon *Le Livre des animaux* de Jérémie, le compagnon domestique idéal pour les enfants : facile à apprivoiser, tendre, jamais dangereux, pas comme les chiens et les chats qui mordent et griffent.

Pour ses six ans, Jérémie a donc demandé un petit panda de Birmanie, un vrai, roux et noir semblable à celui du livre. Ses parents n'ont pas dû en trouver. Il lui ont offert à la place un petit panda en peluche, un grand panda gonflable, un panda-sac à dos et six livres sur les pandas, expliquant tout ce qu'il est possible de savoir sur eux, qu'ils soient petits, gros, birmans, chinois ou népalais...

A sept ans, l'âge de raison, celui où l'on distingue l'impossible du possible, Jérémie a changé de projet. L'animal de ses rêves, le compagnon qu'il lui fallait absolument pour être heureux s'est transformé en un âne, tout simplement.

Pas un âne exotique comme l'onagre, l'âne de Nubie ou celui de Somalie. Non, l'âne gris de nos campagnes, celui des *Mémoires d'un âne,* le Cadichon que vous connaissez peut-être, ou, si vous préférez, l'âne gris de la chanson, qu'avait bien mal aux yeux; l'âne des *Contes du chat perché* ou de la crèche de Noël, l'âne tout bête, quoi (sauf que, attention, l'âne n'est pas bête, loin de là), celui qui vend de la lavande devant les grands magasins et sur les marchés. C'est celui-là que Jérémie voulait et il ne voyait pas pourquoi ses parents diraient non, puisqu'ils étaient les premiers à se plaindre d'avoir à tondre les quatre mille sept cents mètres carrés de pelouse ou plutôt de pré qui entouraient la maison... Chacun sait qu'un âne vous avale cela, et avec le sourire, l'année durant, été comme hiver, sans oublier les orties, les boutons d'or et les chardons piquants!

Papa a dit non. Parce que, a-t-il expliqué, l'âne s'ennuierait tout seul. Alors la famille se croirait obligée de lui donner un poney pour lui tenir compagnie, un mouton ou encore un cheval. Et on se retrouverait avec un troupeau... Il faudrait construire une écurie. Se faire livrer en grain et en paille. Comme si l'on n'avait que cela à faire, dans la vie. Il était déjà difficile de trouver le temps de tondre les quatre mille sept cents mètres carrés de terrain...

Jérémie a dix ans, bientôt onze.

Si, aux contrôles du deuxième trimestre, il arrive à faire moins de dix fautes à la dictée, la maîtresse le laissera passer en sixième à la rentrée prochaine.

Il a perdu ses dents de lait, sauf quatre.

Il n'a pas de singe, ni de panda, ni d'âne gris pour l'accompagner dans la

vie. (Juste un grand frère, mais les livres ont déjà tout dit sur l'enfer des grands frères, alors n'y revenons pas.)

Pour ses onze ans, ou comme cadeau d'entrée en sixième, Jérémie souhaite, espère de toute son énergie, bien qu'il n'ait pas encore osé le demander à ses parents... un chien.

Un simple chien, quoi de plus modeste, quoi de plus ordinaire! Un chien, tout le monde en a, tout le monde en veut, gens des villes, gens des campagnes, gens de tous les pays. On ne refuse pas un chien à un enfant. D'autant que Jérémie ne fait pas le difficile, il est prêt à accepter n'importe lequel, avec ou sans pedigree. Avec ou sans race. Jeune, vieux, chasseur ou gardien. Gros comme un ours ou petit comme une souris des champs.

Un chien bien vivant, cette fois, qui dorme, mange, aboie et partage sa vie quotidienne.

Chapitre 2

Mais voilà, ce n'est pas, mais alors pas du tout le moment de parler de chien, dans la maison de Jérémie!

Depuis trois mois, un drame, non, appelons-le « un petit problème » couve entre le père de Jérémie et son voisin le plus proche, M. Barral, et cela justement pour une histoire de chien.

Jérémie habite un hameau de cinq maisons.

Sur ces cinq maisons, l'une est vide et une autre habitée uniquement l'été, par une vieille dame; c'est dire le calme qui doit régner!

Vous voulez dire le calme qui devrait régner...

Qui, du reste, a régné pendant longtemps, longtemps, jusqu'au jour où M. Barral a pris sa préretraite.

M. Barral, un homme qui sait tout faire, qui répare sa vieille voiture lui-même, qui a construit sa maison lui-même, qui a transformé tout seul son vilain terrain marécageux en un beau parc rempli de bassins, d'étangs et de chutes d'eau, M. Barral a, comme Jérémie, une passion pour les animaux.

Après avoir aménagé son premier étang, il y a de cela deux ans, M. Barral a rapporté du marché un couple de canards colverts. Maintenant, les canards colverts sont une trentaine.

Lorsque le deuxième plan d'eau, celui qui a une petite île et une chute d'eau, a été terminé, M. Barral a acheté à Paris, sur les quais, des couples de canards musqués, de canards mandarins, de canards siffleurs, d'eiders et, pour faire joli au milieu de toute cette population, un cygne siffleur.

Les femelles ont pondu des œufs.

Il y a maintenant en tout cent trois

canards chez M. Barral. Plus le cygne. Ils pourraient être beaucoup plus nombreux, mais M. Barral ne les garde pas tous, il les donne ou les vend. Pendant le week-end, les gens défilent à sa porte pour choisir un canard ou deux.

Ce ne sont pas les canards qui ont causé le « petit problème » entre papa et son voisin. Les canards se couchent presque aussi tôt que les poules et ne se réveillent pas la nuit.

Par contre, les chiens...

M. Barral a aussi des chats. A la campagne, chaque maison héberge au moins un chat. Qui n'aime pas les chats, sans parler de leur utilité pour se débarrasser des souris? La mère de Jérémie dit se méfier toujours des gens qui ont peur des chats.

M. Barral a neuf chats : trois siamois, un persan, deux persans-siamois, un noir et blanc, une tricolore et un chaton de gouttière qu'il vient de trouver dans la forêt et qu'il ne pouvait pas laisser là.

Il a aussi un poulailler avec des poules et des poussins.

Un paon à la queue turquoise.

Des grenouilles à ne savoir qu'en faire dans ses bassins.

Quelques poissons.

Qu'il est agréable d'entendre le coassement des grenouilles les nuits d'été, fenêtre ouverte !

Tout cela serait vivable, tout irait bien, canards, chats, poules, paons, grenouilles et poissons... et papa n'aurait rien contre M. Barral, si celui-ci n'avait aussi quelques chiens.

Ne lui demandez pas combien, il est très très discret, cet homme, sur le nombre de ses chiens.

Jérémie, du temps où le voisin travaillait encore à l'usine, en comptait sept certaines fois, neuf le lendemain. Il faut dire qu'ils se ressemblaient comme frères et sœurs. Tous marron et blanc, tous épagneuls français.

Mais depuis que M. Barral a pris sa préretraite, qu'il reste à la maison la semaine comme le week-end, leur nombre a doublé, si ce n'est quadruplé...

Tout est arrivé très vite : un matin, en jetant un coup d'œil par la fenêtre de la salle de bains qui a pleine vue sur le terrain de M. Barral, maman a constaté une nouvelle niche à côté des deux autres. Et, juste devant, six minuscules chiots jouant au sol, rampant, se mordillant les uns les autres, et poussant des petits cris qui ne ressemblaient en rien aux aboiements de chiens adultes.

Ils étaient si petits, si fragiles, ils faisaient penser à des nouveau-nés humains... Maman en était terriblement émue, elle qui n'aime pas trop les chiens d'habitude.

C'était les six chiots de Vella, la chienne la plus désobéissante de M. Barral, celle après laquelle il crie tout le temps.

A peine un mois plus tard, que voit papa en grimpant sur l'échelle pour déboucher la gouttière? Une quatrième niche, posée contre la clôture qui sépare les deux jardins.

Et juste à côté, grouillants, gémissants, imbriqués les uns dans les pattes des autres, un nombre indéfini de chiots marron et blanc, comme la première portée.

Sept plus douze, fait papa dans sa

tête. Au moins dix-neuf. Et encore, à condition que sept ne soit pas neuf et six ne soit pas huit. Ils étaient tellement emmêlés qu'il n'y avait pas moyen de les compter.

C'était les chiots d'Anna, la chienne la mieux dressée de M. Barral. Sa préférée, celle qui a le plus souvent le droit de sortir de sa niche.

– C'est un véritable élevage, qu'il est en train de démarrer, cet animal-là, dit papa pendant le déjeuner. Il s'imagine sans doute qu'on peut monter un chenil comme ça, sans autorisation, sous le nez des voisins, sans se préoccuper du bruit, des odeurs, des nuisances que ça va entraîner.

En mars, les nuits sont encore fraîches. M. Barral faisait coucher les chiots dans son sous-sol. Et papa dormait la fenêtre fermée.

Et puis ce fut le mois de mai, le mois préféré de Jérémie, celui qui a de petites vacances à chaque coin de semaine.

Chaque matin, le hameau s'éveillait au son de la voix tonitruante de M. Barral faisant l'appel de ses chiens pour leur distribuer la nourriture de la journée.

Les journées avaient toujours commencé ainsi, aussi loin que remontaient les souvenirs de Jérémie à ce sujet. Mais maintenant, depuis l'arrivée, au 1er avril – quel poisson! – d'une troisième portée, celle d'Emma, la chienne la plus âgée de M. Barral, celui-ci avait plus de vingt-cinq noms à appeler. Des noms qu'il devait parfois hurler dix fois de suite car les nouveaux chiots avaient beaucoup de mal à comprendre qu'il s'agissait d'eux, et surtout à attendre leur nom avant de se jeter sur les assiettes...

Jérémie aurait pu réciter par cœur la liste des chiens, chiennes et chiots. Elle commençait toujours par les trois grâces : Anna, Vella, Emma. Puis venaient les noms des grands chiens mâles : Poly, Nat, Ténor, Rex, Oscar. Enfin l'enfer commençait avec les noms des petits : une bonne vingtaine que M. Barral répétait, articulait comme un professeur de théâtre, criait, tonnait, en les entrecoupant d'injures en tout genre...

Et cela à six heures du matin, dans le

hameau qui aurait dû être le plus silencieux de la vallée de la Marne, à une trentaine de kilomètres de Paris.

Quel réveil en fanfare pour papa qui, au mois de mai, dort la fenêtre ouverte !

Le soir, c'était encore un autre refrain; avant d'aller dormir, le voisin passait en revue les chiens, les comptait et décidait de ceux qui allaient dormir dans le sous-sol chauffé de sa maison, et de ceux qui devaient se répartir dans les niches n°s 1, 2, 3, 4 et 5.

Les chiens se faisaient longuement prier pour réintégrer maison ou niches, après leur récréation du soir. M. Barral était obligé d'appeler ses deux filles à l'aide. Avec leurs voix suraiguës, elles sciaient l'air de glapissements qui voulaient être les noms des chiens – Ulrich, Uranus, Utopie, Ussi, Ucha, Unic, etc.

En général, c'était l'heure où papa éteignait le dernier journal télévisé et ouvrait la fenêtre pour goûter les parfums et la chanson de la nuit.

Devant ce gâchis, il ne trouvait rien de mieux à faire qu'ajouter à la cacophonie en rugissant :

– C'est pas fini, ce vacarme !

Plus quelques grossièretés qui ne s'écrivent pas.

Inutile de s'éterniser sur la description des nuits épuisantes, hachées par des aboiements qui pouvaient jaillir à tout moment. N'importe quelle occasion était bonne pour la meute : l'approche d'un renard, une voiture roulant sur la nationale, une bataille de chats. Dès que l'un aboyait, les autres suivaient en y mettant encore plus de cœur et d'acharnement. Quatre fois par nuit, papa se levait et criait par sa fenêtre :

– C'est pas bientôt fini, les chiens !

Pendant trois secondes, les chiens se taisaient, étonnés, puis ils reprenaient ensemble, en canon, en solo jusqu'à ce qu'une raison mystérieuse les fasse taire au bout d'un moment.

Si la situation ne s'arrangeait pas d'ici août, comment Jérémie allait-il s'y prendre pour demander officiellement comme cadeau d'anniversaire son chien ?

Chapitre 3

Un jour de gloire – Jérémie a pu annoncer à ses parents qu'il passe en sixième à la rentrée prochaine –, la situation lui paraît favorable pour faire connaître son vœu. Son anniversaire est le 1er août et nous ne sommes que début juin, mais il n'est jamais trop tôt pour préparer un terrain aussi difficile...

– Tu ne crois pas que je suis trop grand, maintenant, pour recevoir des jouets à mon anniversaire? dit-il à sa mère qui taille les lilas de la clôture.

– Heureuse de te l'entendre dire, soupire-t-elle. Je me demandais si ta chambre n'allait pas éclater un jour ou l'autre...

– Pour mes onze ans, j'ai bien réfléchi...

– Moi aussi, coupe maman, ce qu'il te faut, pour tes onze ans, c'est un grand vélo. Tu vas rentrer au collège, en septembre; je ne te vois pas faire un trajet pareil avec ton petit vélo jaune déglingué. Un grand vélo de course, voilà ce que nous allons te trouver... Ou, si tu préfères, une de ces bicyclettes de montagne à la mode...

– Je ne veux pas aller à l'école en vélo, répond Jérémie, atterré. Il pleut tout le temps. Et puis au collège, on les vole, on crève les pneus, et des tas de choses comme ça. Je veux continuer à prendre le car. Pour être avec les autres.

– Ah bon, constate maman. Tu m'étonneras toujours. Tu ne fais jamais rien comme ton frère. Mais c'est ton droit.

Et elle part avec son sécateur vers la cour de derrière.

– Plus que deux mois, et ce sera mon anniversaire, annonce Jérémie pour amorcer une intéressante conversation avec son père qui rassemble au râteau l'herbe tondue.

– Tu es sûr? dit papa, j'ai l'impression que c'est sans arrêt ton anniversaire. On ne vient pas de le fêter, l'autre week-end?

– Tu confonds avec Martin, répond Jérémie, vexé. Est-ce que, pour une fois, je pourrais avoir exactement le cadeau dont j'ai envie?

– Pourquoi dis-tu cela? N'as-tu pas toujours reçu ce que tu avais commandé? Tu ne voulais pas du microscope? des maquettes de dinosaures? des jumelles de marin? etc.

– Je pensais à l'âne, dit Jérémie humblement.

Papa se met à rire.

– Évidemment, quand on demande des extravagances pareilles...

Et il s'éloigne, un énorme tas d'herbe dans les mains, vers le tas de déchets végétaux au fond du jardin.

« Ce n'est pas le bon jour, se dit Jérémie. Dimanche prochain... »

Le dimanche suivant pourrait en effet être le jour idéal.

Pour une raison mystérieuse, les chiens n'ont pas aboyé de la nuit, et M. Barral s'est levé une heure plus tard que d'habitude. Papa, qui se sent en forme ce matin-là, a mis un short et s'apprête à aller courir dans les bois. Tous les vendredis, il annonce qu'il fera un footing ce week-end, et tous les samedis et dimanches matin il se réveille trop tard, ou il a autre chose à faire, ou il pleut...

– Tu n'aimerais pas avoir un chien pour courir avec toi? suggère Jérémie avec un à-propos qui le surprend lui-même.

– Un fils me suffirait, dit papa. Tu ne veux pas m'accompagner avec ton petit vélo jaune?

– Je vais encore te gêner. Le vélo va s'enfoncer dans la boue, ou crever... Je roule toujours trop vite ou trop doucement... Un chien, c'est plus drôle. Le père de Vincent, il court tous les matins avec ses chiens, il dit qu'il n'y a pas de meilleurs coéquipiers...

– Sûr, dit papa. Mais je n'ai pas de chien, et je pars donc tout seul puisque tu ne viens pas...

Et il disparaît dans le couloir, à petites

foulées de cross. Son parcours a déjà commencé.
– Je serai là dans quarante minutes! crie-t-il à la cantonade.

Jérémie se sent presque optimiste, sans trop savoir pourquoi.

L'après-midi est belle. Papa et maman lisent des magazines, assis sur les chaises longues. Jérémie, à quelques mètres de là, contemple ses grenouilles et la nouvelle fleur du nénuphar. Martin regonfle les pneus de son vélo de course.
– Non! Je rêve, dites-moi que je fais un cauchemar... dit papa en se redressant pour mieux voir l'entrée du jardin. Ils viennent maintenant se garer chez nous... Martin, cours leur dire qu'ici, ce n'est pas chez M. Barral, ni un parking public! Combien de voitures se sont arrêtées devant chez lui depuis le début de l'après-midi... C'est une invasion...
– Un vrai défilé, convient maman. Je ne sais pas si c'est pour les canards ou pour les chiens, mais il a du succès.
– J'ai vu un panneau « Chiots à ven-

dre » avec une flèche, sur la nationale, explique Martin.

– A vendre? interroge Jérémie. Ils sont à vendre? Combien cela peut-il coûter, un chiot épagneul français?

– Aucune idée, réplique papa. Moi, on me les donnerait que je n'en voudrais pas. Je dirai même plus : on me paierait, que je refuserais... Regarde-les qui aboient dès qu'une personne se présente à la porte : des bêtes hyperexcitées, dégénérées, des chiens chasseurs qui ne chassent jamais, et qui n'ont rien de mieux à faire que d'aboyer, de japper, et de hurler jour et nuit. Une nuisance à l'état pur!

– S'il les vend, nous serons bientôt moins dérangés, remarque maman.

– J'ai entendu dire, par Vincent, qu'un chiot épagneul français coûte plus de mille francs, déclare Martin.

– Aïe! ne peut s'empêcher de faire Jérémie.

– De la folie... soupire papa. Écoutez-moi ce vacarme. On ne s'entend plus. Cet endroit est en train de devenir invivable. Ce soir, je retourne lui parler...

– Pourrais-tu lui demander en même

temps si le petit chien noir, tu sais, celui de la première portée qui n'a pas l'air d'un épagneul, coûte aussi cher que les autres? dit Jérémie en s'asseyant sur l'extrémité de la chaise longue de son père.

Catastrophe! Le bois du repose-pied casse net. Jérémie se retrouve par terre et papa les pieds dans l'herbe.

Martin hurle de rire.

– Non seulement je ne lui poserai pas cette question dont la réponse m'indifère complètement et ne concerne personne ici, mais toi tu ferais bien de te mettre en quête d'outils et d'un bout de bois pour me réparer ce massacre, dit papa en poussant Jérémie en direction de la cabane à outils.

Jérémie s'éloigne, les yeux brillants de larmes. Il s'est fait mal au doigt. Il est vexé, les chutes sont toujours ridicules. Et il n'aura jamais de chien. Il n'est plus temps de se raconter des histoires!

Un soir, de retour d'un week-end sur la côte normande, la famille de Jérémie trouve la porte principale de la maison entrouverte : de toute évidence, elle a été forcée. Après avoir examiné la serrure et les traces des outils employés pour en venir à bout, les uns et les autres passent en revue la maison pour voir ce qui a pu être emporté. Les chéquiers sont toujours dans le tiroir; télévision, lecteurs de cassettes, radio, tout est là. Le seul bijou de maman, un collier de petites perles blanches, est à sa place. Mais alors...

– Si nous avions un chien, nous n'aurions pas ce genre de visites... s'empresse de dire Jérémie.

– Parlons-en, grogne papa, ces vingt-cinq chiens imbéciles, à quelques mètres de notre porte, n'ont pas été capables d'aboyer suffisamment pour décourager qui que ce soit de traficoter notre porte. Quand je pense que je ne peux pas faire un pas dans le jardin, sans que ce soit un concert d'aboiements! Ils sont assez bêtes pour se taire devant les inconnus et hurler seulement après les gens qu'ils connaissent depuis toujours...

– Ils ne sont pas dressés pour s'occuper de notre maison, insiste Jérémie. Si nous en avions un à nous, il se sentirait responsable de chez nous...

– Si nous en avions eu un, vous auriez pleuré pour qu'il nous accompagne en Normandie. Il aurait soufflé, haleté, vomi, comme font toujours les chiens, pendant le trajet en voiture. Il nous aurait causé des tas de difficultés pour trouver un restaurant ou un hôtel... Et je ne vois pas pourquoi nous perdons notre temps à ce genre de discussion, il n'est pas question que nous ayons jamais un chien, je préfère voir la maison entièrement dévalisée. Va donc plutôt vérifier si les vélos et la tronçonneuse sont toujours dans l'appentis. Et la tondeuse...

Jérémie s'exécute en traînant les pieds.

« Pourquoi moi et pas Martin? »

Il a envie de pleurer.

La nuit tombe. Le jardin grouille d'ombres et de fantômes. Jérémie a le cœur gros d'avoir perdu la partie. Et, en plus, il n'a pas préparé sa dictée pour demain matin.

Chapitre 4

Jérémie descend en vitesse du car de ramassage scolaire en s'empêtrant les pieds dans son cartable, son sac de piscine et son carton à dessins. Il faut faire très vite à la montée et à la descente : Alfredo, le chauffeur, n'est pas du genre patient. Il a le chic pour démarrer quand vous avez encore un pied ou un sac sur le marchepied. Le mardi est presque le meilleur jour de la semaine. C'est le jour où il y a musique, informatique, dessin et piscine. Et comme c'est la veille du mercredi, les devoirs sont remis au lendemain : la soirée peut se passer à jouer.

Jérémie s'arrête devant la petite mare du jardin : Jimmy, la grosse grenouille verte, prend son bain de soleil sur la pierre plate, comme d'habitude. Pour la taquiner, Jérémie fait du bruit avec sa bouche. Aussitôt la grenouille plonge dans l'eau et disparaît sous les feuilles de nénuphar.

Un son plaintif et qui semble proche attire l'attention de Jérémie.

« Je parie que ces abominables poules sont encore passées de notre côté », se dit-il, furieux et terrorisé.

Ça n'est pas sérieux, à dix ans, mais il faut bien le reconnaître car c'est la vérité, Jérémie a une peur panique des poules. Sa famille en rit depuis toujours. Craint-il qu'elles lui volent sur la tête, qu'elles lui picorent les mollets? En tout cas, il n'ose s'en approcher à moins de trente mètres, et cela lui complique beaucoup la vie, car les poules de M. Barral ont la manie de se faufiler à travers la haie qui sépare les deux jardins et de rester là des heures à chasser le vers de terre ou le limaçon. Jérémie est obligé de faire de grands détours pour gagner la maison, atteindre le garage à vélo, ou approcher de la mare, qui est l'endroit du jardin qu'il préfère.

Il ramasse un gros caillou pour chasser les intruses, mais stoppe net son geste : au pied de la haie, dans son propre jardin, Jérémie aperçoit trois chiots qui jouent au catch ensemble en poussant des petits cris.

– Vous aussi vous avez découvert le trou des poules ! constate-t-il en s'approchant doucement.

Les chiots, tout à leur jeu, ne se préoccupent pas de sa présence.

– Noirot, appelle Jérémie.

De tous les nouveau-nés de M. Barral, c'est son préféré. Les autres se ressemblent comme des sextuplés. Celui-là, qu'il n'a jamais eu l'occasion de voir de si près, est plus fourré, plus rond, et si noir...

– Sssss, sssss, siffle-t-il, comme il a entendu faire M. Barral. Viens, Noirot !

Il ne s'appelle pas Noirot. Mais comme les chiots ne connaissent pas non plus leur nom de baptême, le résultat ne peut être que le même. Le chien ne fait pas mine de venir ni de lever la tête. Il mordille les oreilles d'un de ses compagnons et essaie de grimper sur son dos.

Jérémie fonce vers la maison. A cette heure, il est le maître des lieux : grand frère, père, mère rentrent plus tard. Il va droit au réfrigérateur où une barquette contenant quatre steaks hachés semble lui tendre les bras...

« Exactement ce qu'il me faut! »

Il enlève la cellophane du paquet, prend un des steaks et le détache en minuscules boulettes qu'il met dans une assiette. Puis, abandonnant le reste de la viande et oubliant de refermer la porte du réfrigérateur, il file au jardin.

– Petits, petits, regardez ce que j'ai pour vous! dit-il en s'approchant du groupe de chiots qui, entre-temps, sont passés au nombre de cinq.

Pour ne pas leur faire peur, Jérémie s'accroupit et avance sans en avoir l'air, les jambes pliées sous lui.

Comme les chiens ne paraissent pas intéressés, Jérémie s'impatiente : il saisit le petit noir par la peau du cou, et lui fourre sous le museau une poignée de viande en le posant à terre. Le chiot renifle la chose, la fait bouger avec ses

pattes. Il est bientôt rejoint par les quatre autres, et tous commencent à mordiller le steak puis à l'avaler. Lorsqu'il n'y a plus rien à manger dans l'herbe, ils regardent Jérémie en poussant des petits cris revendicatifs.
– Une seconde, dit Jérémie, je reviens.

Une minute plus tard, il est de retour, les mains chargées de viande hachée : les trois autres steaks y sont passés.

Les chiots se régalent et en oublient de se tarabuster les uns les autres.

Quand ils ont fini, ils s'asseyent sur leur arrière-train et louchent du côté de Jérémie qui s'est installé dans l'herbe et croque des biscuits au chocolat.
– Il vous faut peut-être aussi de mes gâteaux, remarque-t-il en montrant aux chiens le paquet.

Il leur jette cinq biscuits. Les petits chiens les flairent un instant, puis commencent à mordre dedans. Ils les terminent jusqu'à la dernière miette. Ensuite, les uns après les autres, comme obéissant à un ordre mystérieux, ils se faufilent sous la haie et regagnent leur territoire.

– Ingrats! leur crie Jérémie, dépité.

Et il pénètre dans la maison pour chercher ses jumelles. Il choisit la grosse branche du pommier pour poste d'observation. Il a tant à apprendre sur la vie et les mœurs des chiots. Ses parents, qui lui ont offert une quantité de livres sur les animaux, n'en ont jamais choisi un seul sur les chiens...

– Tu sais ce que j'ai trouvé dans le jardin en rentrant de l'école? annonce-t-il du haut de son perchoir à son frère de retour du collège.

– Je vais le savoir, répond celui-ci en décrochant son cartable du porte-bagages de son vélo.

– Les chiots de M. Barral. Pas tous, mais au moins sept. Ils sont « super », surtout le petit labrador.

– Ce n'est pas un labrador.

– Il ressemble à un labrador. Et aussi un peu à un terre-neuve, avec sa queue frisée.

Il hésite quelques secondes puis se lance :

– C'est celui-là que je voudrais deman-

der aux parents pour mon anniversaire...
– Tu ne pourrais pas descendre de temps en temps sur terre, mon pauvre ami ! l'interrompt brutalement Martin. Papa devient fou avec ces chiens, il ne parle plus que de cela; un de ces jours, il va prendre son fusil et tirer dans le tas, et toi tu voudrais en installer un ici... Tu sais que tu vas avoir onze ans et qu'il serait temps de quitter ton petit monde à toi ?
– J'ai juste dit voudrai*s*... pas voudrai. Tu ne connais pas la différence entre le conditionnel présent et le futur de l'indicatif ?
– C'est ça, fais-moi un cours de grammaire, maintenant ! En tout cas, je serais toi, reprend Martin, non seulement je ne demanderais pas de chien pour mon anniversaire, mais je ne signalerais même pas que les petits ont fait un tour dans notre jardin. Il y aurait encore du grabuge entre Barral et papa. Tu sais que cette nuit, papa a été à deux doigts d'appeler les gendarmes...
– Les gendarmes, mais pourquoi ?
– Il paraît que les chiens se sont déchaî-

nés vers deux heures du matin, qu'ils n'ont pas cessé d'aboyer pendant une bonne heure. Papa a fait le numéro de téléphone de M. Barral, mais personne n'a décroché. Alors il a failli appeler la police, mais maman n'a pas voulu...

– Rien que pour des aboiements? Je n'ai rien entendu, moi.

– Moi non plus.

– Pourquoi ne se mettent-ils pas des boules Quiès dans les oreilles, comme les gens qui habitent à côté des aéroports?

– Ils estiment que c'est aux faiseurs de bruit de se taire, et non aux victimes de se protéger...

– Voilà la voiture de maman. Tu ne répètes pas ce que je t'ai dit.

– Qu'est-ce que tu m'as dit?

– Tu le sais bien. Ce que je voudrais, avec un s.

Il fourre ses jumelles dans sa poche d'anorak avant de sauter du pommier pour accueillir sa mère. Il ne lui vient pas à l'esprit qu'il aura peut-être à répondre d'ici ce soir de la disparition de certains steaks...

Chapitre 5

Comme chaque après-midi en rentrant de l'école, Jérémie trouve les chiots dans son jardin. Depuis le remue-ménage que maman a fait l'autre soir en essayant de mettre la main sur la viande prévue pour le dîner, il n'ose plus les nourrir avec les provisions de la maison. Il a découvert une solution – plus coûteuse pour lui mais aussi plus honnête – en allant acheter au supermarché, avec son argent du mois, un grand sac de biscuits pour chiens ainsi qu'une boîte de croquettes « spéciales chiots ». De quoi les apprivoiser et les inviter à passer souvent du bon côté de la haie.

En général les chiots viennent à deux, trois à la fois, rarement plus. Leurs mères les ont à l'œil et vérifient plusieurs fois par jour que leur portée est au complet.

Jérémie se contenterait bien de la visite du petit noir uniquement. Ce n'est pas qu'il n'aime pas les autres; il leur donne leur part de caresses et de nourriture, mais ils l'intéressent moins. Ils sont tous pareils, moins jolis, moins ronds et plus craintifs. Le noir est un original : il se prend pour un fauve et attaque sauvagement les feuilles qui bougent, les herbes qui se soulèvent. Il descend sur la pierre plate au bord de la mare pour boire ou tremper une patte dans l'eau. Il se laisse prendre dans les bras sans se débattre, et préfère aux biscuits pour chiens, trop ordinaires, les gâteaux au chocolat du goûter de Jérémie.

Ce soir, quelle aubaine, le petit noir est seul, recroquevillé à côté de la haie.

– Uranus, appelle discrètement Jérémie. Viens, mon chien!

Depuis quelques jours, Jérémie connaît son nom.

Le chien le suit jusque dans la maison. Jérémie monte l'escalier qui mène à sa chambre : c'est derrière son bureau qu'il cache les provisions pour chiens. Le petit chiot grimpe les marches avec difficulté. Finalement Jérémie le prend sous son bras et l'amène ainsi jusqu'au second étage.

Dans la chambre, il lui lance une de ces petites balles de caoutchouc qui ressemblent à des billes en verre, puis une balle de base-ball, et une balle de tennis. Le chien ne sait plus laquelle poursuivre, laquelle ramener. Il danse sur place en roulant des yeux fous. Jérémie est mort de rire.

– Qui veut des bonnes croquettes à la viande? dit-il en agitant la boîte. J'ai aussi un carré de chocolat, pour les bons chiens...

Uranus vient picorer dans le petit tas que Jérémie a déposé sur la moquette.

Pas de chance que ce soit justement celui-là qui me plaise, songe-t-il. Les dix-huit autres tous pareils, il y en a

tellement que M. Barral ne s'apercevrait même pas de la disparition de l'un d'entre eux... Le petit noir, il verra immédiatement qu'il manque, si je... » Car Jérémie sent de plus en plus une idée lui venir de derrière la tête, et pas seulement de derrière. Une idée lui trotte *dans* la tête, et ne le quitte plus : celle de kidnapper – oh ! juste pour quelques jours, ce n'est pas un voleur – un chiot, et plus particulièrement son petit chouchou noir.

A force d'avoir avec ses parents des dialogues décourageants sur la question, il a fini par se dire qu'il fallait envisager une autre solution que celle du cadeau d'anniversaire.

Il a longuement étudié deux possibilités.

La première, dénicher un chien abandonné, misérable, famélique, qu'il ramènerait à la maison. Ses parents ont tout de même un peu de cœur. Il les voit mal refuser de recueillir un pauvre animal dans le besoin...

La seconde, la plus simple et la plus agréable : carrément « emprunter » un petit chiot à M. Barral qui ne doit même pas savoir combien il en a, et l'élever en cachette dans sa chambre, en ne le sortant que le matin après le départ de tout le monde, et le soir avant le retour de la famille.

Mais combien de temps peut-on tenir avec un chien clandestin chez soi? Sûrement pas toute une vie de chien...

Faut-il mettre Martin au courant ou, au contraire, est-ce que les choses seront plus faciles s'il ignore ce qu'il en est? Autant de questions que Jérémie retourne dans sa tête à en avoir le tournis.

Les chiots tètent-ils encore leur mère, est-il trop tôt pour accomplir l'enlèvement? Ou bien est-ce le moment, sinon M. Barral risque de les vendre ou de les donner d'un jour à l'autre?

Heureusement que l'on est en juin et qu'en classe il n'y a plus qu'à préparer la kermesse de l'école. Sinon, le travail de Jérémie aurait beaucoup à souffrir de ces préoccupations!

La porte d'entrée claque. Martin est arrivé et le chiot est toujours dans la chambre de Jérémie, occupé à fourrager dans le coffre à chaussures.

– Tu es là? crie Martin. J'ai quelque chose à te montrer!

– Je descends, répond Jérémie en rabattant précipitamment le couvercle du coffre.

« Petit comme il est, se dit-il en dévalant les escaliers, il aura assez d'air pour respirer. Ses poumons doivent être minuscules... »

– Alors...

– Regarde un peu ce que j'ai trouvé sur la route, ce matin.

Jérémie s'approche : Martin tient une sorte de poignard de plus de trente centimètres de long, enfermé dans un gros étui noir.

– Un couteau de survie! s'exclame Jérémie.

Tandis que Jérémie rêve de chiens jusqu'à l'obsession, Martin, de son côté, se passionne pour un sujet et un seul :

les expéditions de survie. Il a tout lu sur la question, il a deux ou trois projets bien définis pour lorsqu'il sera grand, c'est-à-dire majeur, et il emploie son temps, son énergie et son argent à un seul but : fabriquer, acheter, posséder les accessoires nécessaires à la survie. Sa collection est déjà impressionnante, mais l'élément essentiel – le couteau de survie – bizarrement n'en fait pas partie.

Quiconque s'intéresse un peu à la question sait forcément en quoi consiste le couteau de survie. Le vrai, pas le petit gadget au manche en plastique, à la lame en toc, à la boussole mal aimantée, qui trompe le client et ne lui en donne même pas pour ses trente-cinq francs. Le vrai couteau de survie, celui que Martin n'a pas le droit de s'acheter ni de se faire offrir car il semble à ses parents trop dangereux, a un manche en titane, un étui en cuir, une lame en acier inoxydable avec un côté scie et un côté lisse. Dans son manche est incrustée une boussole et quelquefois une lampe minuscule. Dans son étui, un compartiment spécial contient des allumettes, des instruments miniatures de chirurgie, des pilules qui remplacent la nourriture, un sifflet, un attirail de pêche. La lame permet de transpercer un fauve, de couper la tête d'un reptile venimeux, de trancher une liane sans effort...

Ce couteau-là, Martin a failli rouler dessus, en allant à l'école.

– Il est encore plus beau que celui de chez *Chasse et Pêche* à Nogent!

– Qu'est-ce que tu vas en faire? demande Jérémie.

– Le garder, bien sûr! A qui veux-tu le rendre? Il n'y a pas de nom, pas d'adresse...

– Mais tu sais que papa et maman...

– Papa et maman ne sauront rien si tu ne vas pas rapporter, coupe Martin. J'espère que tu ne me feras pas regretter de t'avoir mis au courant... Tu n'as pas intérêt, d'ailleurs.

– Je ne rapporte jamais...

– Non, sauf la fois où j'ai fait du bicross dans la rivière, la fois où j'ai lancé des pierres dans la maison inhabitée, la fois où...

– Toi aussi, ça t'arrive.

– Trouve un exemple! Cite-moi un seul

exemple! Tiens, tu pourrais faire une énorme ânerie comme manquer l'école ou même, je ne sais pas, moi, trouver un chien et l'élever en cachette, je ne dirais rien.

Jérémie devient tout rouge.

– N'importe quoi! Élever un chien en cachette!

– Et alors? Tu es obsédé, fou, malade de chiens... pourquoi pas?

Jérémie hésite un quart de seconde.

– Viens dans ma chambre. Viens voir.

Il s'élance sur les chapeaux de roues dans les escaliers. Martin prend soin de remettre le couteau dans son étui, de ranger méticuleusement dans les petits casiers le fil à pêche, la pince à épiler, le sifflet et le livret de code secret qui l'accompagne. Puis il grimpe à son tour au second en se demandant ce que Jérémie a pu mijoter...

S'il faut dresser l'acte d'accusation de Jérémie, on peut inscrire : enlèvement sans préméditation.

C'est vrai, ce soir-là, il avait emmené Uranus dans sa chambre pour jouer, pour le régaler sans être gêné par les autres chiots, pour le plaisir de mettre un chien dans sa maison...

Le reste s'est accompli par hasard.

Si Martin avait un secret, pourquoi pas lui ?

Secret contre secret. Les deux frères se jurent silence et assistance. Leur avenir est rempli de moments de bonheur total qu'ils savourent à l'avance.

La voiture de maman crisse sur les graviers de l'allée.

Heureusement, les cachettes sont au point. La double vie de Jérémie peut commencer.

Chapitre 6

Qui ne l'a pas expérimenté ne sait à quel point il est difficile de vivre ou de faire vivre quelqu'un dans la clandestinité.

Jérémie est en train de l'apprendre.

Le seul endroit sûr où laisser le petit chien pendant que lui-même doit s'affairer dans les différentes pièces de la maison, c'est le coffre à chaussures, un coffre long et bas en osier. Car la chambre de Jérémie ne se ferme pas : aucune porte ne la sépare de l'escalier qui y conduit. Cette pièce, grande et claire, occupe tout le second étage, à la place de l'ancien grenier et, jusqu'à présent,

Jérémie n'avait pas trouvé gênante cette absence de porte : il se sentait plus près du reste de la maison et n'avait jamais peur la nuit.

S'il veut donc éviter qu'Uranus fasse une entrée remarquée dans la cuisine ou la salle à manger, quand il n'est pas là pour le surveiller, il n'a pas d'autre choix que de l'enfermer dans le coffre.

C'est là qu'il le cache le temps d'aller dire bonjour à sa mère de retour de son travail, et de lui montrer son cahier de textes.

C'est là qu'il l'installe pendant son bain, pendant qu'il porte la poubelle au bout de l'allée, pendant qu'il met le couvert, pendant le dîner... Il ne s'était pas rendu compte du nombre d'activités, dans une soirée, qui l'obligeait à sortir de sa chambre.

Alors tout devient un supplice interminable. Il semble que maman n'en finit pas d'examiner le cahier de textes. Que l'allée qui mène aux poubelles s'est allongée de dizaines et de dizaines de mètres. Que l'eau met une heure à remplir la baignoire, et que le dîner est interminable...

– Qui fera une partie d'échecs avec moi avant de se coucher? demande papa, qui ce soir a oublié d'acheter le journal.

On en est au plat de légumes et, horreur! Jérémie voit qu'il y a aussi un dessert. Quel triste hasard! D'habitude, il n'y en a pas; maman trouve que ça fait grossir et que c'est trop long à préparer.

– Toi, Jérémie? insiste papa qui n'a pas eu de réponse. Tu n'as pas envie d'essayer de me battre?

– Je n'y arrive jamais, répond Jérémie. A la fin, ça lasse.

– Cette fois-ci sera peut-être la bonne...

– Il faut que j'aie fini mon livre pour demain, bredouille-t-il, avec la mauvaise conscience d'entamer une série de mensonges qui n'est pas près de s'arrêter. Pour la fiche de lecture du mois. J'ai encore quatre chapitres.

– O.K. Compris. Et toi, Martin?

Heureusement, Martin est d'accord. Il a réussi une fois à mettre son père échec et mat. Il espère toujours que le miracle va se répéter.

– Est-ce que je peux m'éclipser maintenant? dit Jérémie en enfournant en une seule et énorme bouchée les pommes de terre qui restaient dans son assiette. Je n'ai plus faim pour le dessert, et j'ai tellement de pages à lire...
– Vas-y, dit sa mère, mais je suis vexée. Pour une fois que je fais un gâteau...

Jérémie prend un air contrit et fonce vers l'escalier.

Il a encore un étage à monter, et déjà il entend les frottements et les coups sourds qu'il redoutait. Il se précipite pour ouvrir le couvercle du coffre : le petit chien pousse un gémissement qui semble se répercuter dans la maison entière.

Uranus n'a pas perdu de temps, il a coupé en deux une des chaussures de gymnastique de Jérémie – et celui-ci, bien sûr, a sport demain matin de neuf à onze heures – et arraché trois rangées de tresses d'osier sur le côté du meuble.

C'est à ce moment qu'il vient à l'esprit de Jérémie qu'on ne peut pas laisser un chiot plus de deux heures dans une maison sans le sortir, si l'on ne veut pas avoir de mauvaises surprises.

« Quand tout le monde sera endormi, je l'emmènerai faire pipi dans le jardin, se dit-il. Pourvu qu'ils se couchent tôt! »

Goûtant à la liberté retrouvée, Uranus explore les coins secrets de la chambre : il se glisse sous le lit, où il récolte un chausson, une balle, et une tablette de chocolat entamée il y a plusieurs mois. Puis il se faufile derrière le bureau, non sans manquer de renverser la corbeille à papiers à demi remplie; il parvient même à ramper sous la commode d'où il ressort enveloppé de gros moutons gris : personne ne pense à passer l'aspirateur de temps en temps, là-dessous...

– Viens, affreux, que je te brosse. Regarde de quoi tu as l'air!

Panique : des pas dans l'escalier. Jérémie fourre Uranus dans la corbeille à papiers qu'il recouvre de son cartable. C'est Martin. Jérémie sort le chiot de sa cachette.

– Où vas-tu l'enfermer pendant que tu dors? interroge Martin. Imagine qu'il descende gratter à la porte des parents ou qu'il aille faire du ramdam en bas!

Jérémie n'avait pas pensé que le chien pourrait se réveiller avant lui ou même s'endormir après lui. Qu'est-ce qu'il sait du sommeil des chiens? A en croire papa, la meute de M. Barral ferme rarement l'œil, nuit après nuit...

– Tu peux me le laisser, offre Martin; moi, ma chambre a une porte. J'ai même un verrou.

Mais à quoi sert d'avoir un chien à soi s'il ne dort pas avec vous dans votre chambre, sur votre lit, joue contre joue?

– Je te dis ça pour te rendre service, ajoute Martin. Je ne crois pas que je passerai une nuit de rêve avec une créature pareille : regarde-moi cet énervé. Qu'est-ce qu'il a déniché?

Ce n'est qu'un tube de colle extra-forte, qu'il mâchouille, mordille et va certainement percer d'une seconde à l'autre.

Martin s'esclaffe :

– Je le vois déjà, de la colle plein la bouche, le museau soudé mâchoire contre mâchoire jusqu'à la fin de ses jours...

– Très drôle! dit Jérémie en courant

arracher de la gueule d'Uranus le tube complètement tordu.
– Je descends jouer avec papa. Si tu changes d'avis, amène-le-moi avant que je sois endormi. Dix heures et demie dernier délai.

Jérémie enfile son pyjama en examinant sa chaussure dévorée. S'il raconte à M. Rignaud, le professeur de gymnastique, qu'il a oublié ses tennis, il se fera tuer. Impossible d'emprunter celles de Martin, il chausse du 39. Peut-être pourra-t-il quand même les mettre en superposant trois ou quatre paires de grosses chaussettes de laine...

Uranus fait un bruit d'enfer derrière le bureau. Après de gros efforts, il est arrivé à déchiqueter le sac de croquettes. Maintenant, il peut se servir seul, sans attendre que Jérémie veuille bien le nourrir.
– Uranus ! Vilain chien ! Viens jouer plutôt, dit Jérémie en lui lançant une balle.

S'il continue à se gaver ainsi, il va être malade et vomir. Le petit chien délaisse les croquettes pour courir après la balle.

Quel boucan pour un chiot d'à peine cinq ou six kilos!

Jérémie s'installe dans son lit en espérant qu'Uranus viendra se coucher sur ses pieds comme les chiens sur les images. S'il pouvait faire une sieste jusqu'à ce que les parents dorment...

« Je le sortirai vers minuit. Il me faudra une laisse, sinon il me faussera compagnie. »

Il fourrage dans ses tiroirs et finit par découvrir une ficelle solide. Mais comment l'attacher? Uranus n'a pas de collier. Si Jérémie noue la ficelle autour du cou du chiot, celui-ci va s'étrangler au moindre mouvement. Une ceinture! Voilà ce qu'il faut.

Jérémie, avec la pointe de ses ciseaux, perce un nouveau trou dans son ceinturon de cuir; le cou d'Uranus n'est pas gros. Puis il l'essaie au chien, mais celui-ci, tout à coup, se met dans un état d'excitation inquiétant : il court partout, gémit, griffe les murs, et se serait élancé dans les escaliers si Jérémie ne l'avait retenu par la queue *in extremis* : dehors, M. Barral a commencé son appel de la nuit.

Nuit d'enfer, pour Jérémie! Sans exagérer! Nuit de veille et de guet, de suspense et d'angoisse, d'allées et venues furtives...

M. Barral, têtu, ne voulait pas se coucher sans avoir retrouvé Uranus.

Uranus, qui se sentait confusément héros d'un drame, était résolu à quitter cette chambre pour s'en aller retrouver mère, frères et propriétaire légitime...

Jérémie, pourtant terrorisé que ses parents ne se rendent compte des événements, ne voulait pas abandonner la partie et laisser filer, au premier obstacle, le chien qu'il n'aura jamais le droit de posséder...

Jusqu'à deux heures du matin, les voisins s'étaient démenés sans économiser leur énergie. Lampes extérieures allumées, équipés les uns de torches électriques, les autres de casques de mineur ou de spéléologue, avec une lampe sur le front, ils avaient entrepris de passer au peigne fin leur jardin.

Les vingt-quatre chiens, qu'ils avaient oublié d'enfermer dans les niches, les encourageaient de la voix et parcouraient eux aussi le jardin en tous sens. Un vacarme comme on n'en avait encore jamais eu au Plessis!

Jérémie, tenant Uranus coincé dans ses bras, contemplait cela de sa lucarne, le cœur battant, les jambes sans force. Il avait si mal mesuré les risques de l'enlèvement...

Vers minuit, papa, encore habillé, hésitait entre appeler les gendarmes, prendre sa carabine pour tirer de la fenêtre de sa chambre, ou avaler un double somnifère...

Le petit chiot pleurnichait, lacérait tant qu'il pouvait les bras de Jérémie afin de lui échapper, dégringoler l'escalier, rejoindre la meute qu'il entendait si proche.

Finalement, Jérémie s'était résolu à l'enfermer dans le coffre à chaussures – sans prendre le temps de vider celui-ci.

A une heure du matin, Martin était apparu à pas de loup en haut de l'escalier.

– Qu'est-ce que tu attends? avait-il dit à Jérémie en le secouant. Que papa devienne fou? Que les gendarmes arrivent pour tapage nocturne ou vol de

chien? Passe par la porte de derrière, et va déposer ton sale chiot dans le pré des vaches. Il saura bien retourner chez lui...

– Fiche-moi la paix, avait répondu Jérémie. C'est mes affaires. Et ne dis rien, sinon je parle du couteau.

Martin avait quitté la chambre sans ajouter un mot.

Enfin, à deux heures passées, le calme était progressivement revenu. Les recherches semblaient suspendues, les lumières s'étaient éteintes chez les Barral. Tous les chiens avaient été mis à dormir dans le sous-sol de la maison. Papa, qui ne s'était pas décidé à agir mais bouillait encore de colère, était allé se faire une tisane, puis avait fini par se coucher.

Jérémie, après avoir attaché la ceinture autour du cou d'Uranus, avait bouclé le chiot dans son cartable et était descendu dans la cour.

Le petit chien tirait, tirait sur la ficelle en poussant des gémissements qui semblaient à Jérémie des hurlements stridents. Ayant déjà fait ses besoins dans le coffre, Uranus ne voyait pas pourquoi on le sortait si ce n'était pour lui rendre la liberté...

Jérémie avait eu un mal fou à le replacer dans le cartable pour remonter à la chambre.

La fin de la nuit n'avait pas été plus heureuse : le chien ne voulait pas rester en place. Quand Jérémie le fourrait sur le lit, il attrapait la couette avec ses dents et la traînait dans toute la pièce. S'il l'installait dans un tiroir ouvert de la commode sur une couche douillette de pantalons et de pulls, le chiot s'appliquait à les mettre méthodiquement en pièces. Il refusait les croquettes et le chocolat. Il n'avait ni soif ni sommeil. Une obsession l'habitait : retrouver l'air libre.

C'est alors que Jérémie, les yeux rouges et piquants de sommeil, avait eu son idée de génie : la cabane.

Sa montre indiquait cinq heures et demie, il avait une petite demi-heure pour agir avant le lever de maman et de M. Barral.

Chapitre 7

La cabane! Mais bien sûr, la cabane!

Comment Jérémie avait-il pu installer son chiot dans une chambre ouverte à tout vent, alors qu'il y avait la cabane!

A l'entrée du Plessis, une centaine de mètres avant la première maison, à droite dans un champ en friche, un grand et gros arbre étend presque à l'horizontale ses nombreuses branches solides et larges. C'est là qu'un des garçons du hameau, Christian, âgé maintenant de dix-huit ans, a construit il y a bien des années la cabane. Sur les branches les plus basses, il a cloué un plancher. Sur celui-ci, il a fixé quatre murs en planches et, par-dessus, un toit en contre-plaqué. Un des murs a en son milieu une porte équipée d'un cadenas. Un autre est percé d'une fenêtre dont les carreaux sont en plastique transparent.

L'intérieur est aménagé astucieusement : deux hamacs sont suspendus d'un mur à l'autre. Trois carrés de mousse posés sur le plancher et une caisse retournée servent de sièges et de table. Une petite table de nuit, dont le dessus est fendu, fait office de buffet. Christian a passé là des journées entières – quand chez lui la maison retentissait de disputes entre ses parents – et même des nuits, l'été. C'est là qu'il donnait rendez-vous le dimanche à ses copains d'école. Chacun apportait à manger, à boire, des bandes dessinées, et quelquefois des cigarettes.

A dix-huit ans, la veille de son départ au service militaire, Christian avait convoqué à la cabane Martin et Jérémie, et leur avait « légué » celle-ci.

– Je vous la donne. Je vous demande de l'entretenir, d'empêcher qu'on la détruise ou qu'elle se détériore. Tâchez d'en profiter autant que moi. Tout ce qui est à l'intérieur est à vous, et vous pouvez rajouter ce que vous voulez.

Le lendemain, il était parti dans les Vosges.

Martin et Jérémie avaient mis un certain temps à se faire à l'idée que la cabane était à eux. Petit à petit, ils y avaient fait quelques aménagements : une échelle pour y monter – avant, il fallait escalader le tronc et cela requérait beaucoup de force dans les bras...; un morceau de moquette sur le plancher; des affiches sur les murs. Ils avaient rempli le « buffet » de biscuits et de cartons de jus de fruits. Martin laissait là sa collection de magazines de survie; Jérémie, tous les numéros de *La Vie animale,* qu'il recevait depuis l'âge de quatre ans.

Eux aussi y passaient de longs moments le week-end, et l'été dernier ils y avaient pique-niqué et dormi une vingtaine de fois. Leurs parents n'avaient pas le droit d'y pénétrer. Ils acceptaient l'interdiction mais auraient donné cher pour visiter le lieu sacré.

Jérémie enfourne une fois de plus Uranus dans son cartable. C'est la seule façon de traverser la maison sans risques. Il descend les marches et s'échappe par la porte de la cuisine. Il sent à travers ses chaussons que l'herbe est trempée. Le bas de son pyjama est mouillé dès les premiers pas. Il court le long de l'allée, accélère quand il est sur le chemin – on ne sait jamais, M. Barral pourrait déjà être debout – et arrive hors d'haleine au pied du hêtre. Dans le cartable, le chien gigote et gratte éperdument.

Jérémie monte à l'échelle, se bat avec le cadenas un long moment, car ses doigts engourdis ont du mal à placer la bonne combinaison, et entre dans la cabane. Il y fait frais et humide. Il ouvre le sac et laisse tomber Uranus dans un des hamacs. Le chiot se prend les pattes dans les mailles en essayant d'avancer.

– Je vais te chercher des biscuits, ne t'affole pas, Uranus, dit Jérémie en lui grattant le sommet de la tête. Et puis un bol avec de l'eau.

Il sort de la table de nuit un sac de

petites madeleines et la bouteille d'eau. Il installe dans un coin l'assiette de biscuits et le bol d'eau, et empoigne le chien. Les petites griffes de l'animal restent accrochées au hamac; il s'énerve pendant que Jérémie essaie de le libérer, il croit sans doute que celui-ci veut le remettre dans le cartable et il résiste de toutes ses forces, allant jusqu'à mordiller la main du petit garçon.

– Du calme, le chien! Par ici les bonnes choses...

Le chiot accepte finalement d'être placé devant l'assiette. Jérémie a les mains trempées : Uranus s'est vengé comme il a pu.

– Dégoûtant, le chien!

Il garde les mains en l'air, ne sachant pas quoi faire d'elles. Il se résout à les frotter contre les jambes de son pyjama : il n'est plus à cela près.

Il est six heures vingt. Une dernière caresse au chiot qui grignote les madeleines avec un peu de mal car elles s'émiettent quand il mord dedans, et Jérémie s'éclipse discrètement. Il brouille la combinaison du cadenas, glisse le long de l'échelle et file par l'arrière du champ pour ne pas avoir à passer devant chez M. Barral.

Heureusement, maman n'est pas encore levée. Jérémie monte quatre à quatre l'escalier, enlève ses chaussons et son pantalon trempés, puis se coule dans son lit. Il ne lui reste qu'une petite heure de sommeil, mais comme elle sera bonne !

Jérémie est réveillé par le profond silence qui, tout à coup, a envahi la maison et le hameau.

Maman est partie bruyamment dans sa voiture au pot d'échappement fêlé.

Papa s'en est allé au volant du gros break.

Martin, en retard comme d'habitude, a fait craquer et crisser le gravier sous ses pneus trop gonflés, en pédalant trop vite.

Mais Jérémie n'a rien entendu.

Le car de ramassage scolaire a fait grincer ses freins puis est reparti aussitôt dans un fracas de moteur Diesel.

Les filles de M. Barral ont fait pétarader leurs mobylettes.

Les parents de Christian se sont

engouffrés chacun dans leur voiture en se criant des paroles désagréables et ont accéléré en faisant beaucoup de bruit et de poussière.

Les vingt-quatre chiens ont aboyé très fort, pour accompagner.

Mais Jérémie dormait toujours.

Et, tout à coup, plus rien. Silence de village déserté.

Jérémie s'est éveillé brusquement. Quand ses yeux se sont désembrouillés, il a lu l'heure à sa montre : neuf heures passées.

L'école a commencé. Le car a fini sa tournée. Jérémie sent son cœur battre et sa tête se vider.

Il a mal à la gorge. Au ventre. Aux yeux. Ses pieds sont gelés.

« Je dirai à maman que j'étais trop malade. Et, comme ça, j'ai la journée entière pour m'occuper du chien... »

Chapitre 8

Jérémie enfile un survêtement et des bottes. Il prend dans le placard de l'entrée le grand sac de sport de son père et sort dans le jardin. Il pleuvote, le ciel est gris et bas.

« J'espère qu'il ne fera pas ce temps pour la kermesse de l'école dimanche prochain », se dit-il.

Il court jusqu'à la cabane, le gros sac lui frottant désagréablement les jambes, et grimpe à l'échelle.

Attention en ouvrant la porte, que le petit chien ne se précipite pas dans le vide par l'ouverture. La cabane est à quatre mètres du sol...

Non, Uranus dort sur la moquette au milieu d'un tas de débris de mousse qui auparavant était un gros coussin carré.

« Il faudra que je revienne avec une poubelle. Que va dire Martin! »

Sans le réveiller, il prend Uranus, le fourre au fond du sac et tire la fermeture Éclair.

Mauvais réveil pour le petit chien qui gratte tant qu'il peut.

Jérémie regagne sa maison, ferme bien la porte et relâche le chiot.

– Viens, mon Toto, je vais nous faire à déjeuner.

Uranus suit Jérémie en empruntant des chemins qui lui permettent d'explorer sous les tables, derrière les rideaux et les fauteuils. Il flaire les tapis, contourne les pieds de chaises et escalade le canapé. Jérémie bondit pour voir si les griffes n'ont pas fait d'égratignures dans le cuir.

– Pas le canapé, Uranus, ou je vais me faire tuer!

Il l'attrape par la peau du cou et l'installe au milieu de la cuisine devant un bol d'eau et une assiette de déchets de viande qu'il a mis de côté hier soir en cachette.

Après avoir déjeuné, Jérémie regarde l'heure. Dix heures à peine. Que va-t-il faire de sa liberté d'un jour, de son chiot d'emprunt? Qu'est-ce qu'on fait, heure après heure, avec un chien dont on a rêvé jour et nuit pendant des mois?

Il passe en revue les scènes habituelles de chiens avec leurs propriétaires : chien en laisse se promenant sur les trottoirs des villes. Chien courant devant les maîtres dans les forêts. Chien suivant un cycliste, à quelques centimètres de la roue arrière. Qu'est-ce qui fait plaisir à un chien, à part manger?

Une promenade en forêt aurait été idéale : la forêt de Hautvilliers est à cinq mètres de chez Jérémie. Il y a des allées cavalières où on peut rouler à vélo. En semaine elle est déserte, du moins apparemment, car elle abrite des sangliers et des daims que seuls les promeneurs silencieux et matinaux peuvent voir.

Mais la forêt de Hautvilliers sous la pluie...

Un tour aux sablières aurait été agréable, aussi. Jérémie y va souvent pêcher avec Martin. Uranus trouverait là des hectares de prés, des montagnes de sable où s'ébattre.

Seulement, avec un temps pareil...

Il erre d'une fenêtre à l'autre pour observer le ciel, consulte longuement le baromètre, et décide qu'à midi il s'arrêtera de pleuvoir. En attendant, il va se passer une cassette de dessins animés. Celle de Walt Disney va sûrement intéresser Uranus, car il y a une très belle bagarre de chiens.

Uranus suit Jérémie au salon. Il monte sur la table basse, renifle dans les cendriers, fourrage dans le casier à disques, et fait une petite mare sous les pédales du piano. Jérémie, occupé à charger le magnétoscope, n'a heureusement rien vu. Le dessin animé commence. Le petit garçon tire les rideaux pour se sentir dans une salle de cinéma, et se réjouit d'être malade.

Une heure après, lorsque la musique de fin de film le fait sortir de son extase, il s'avise qu'Uranus n'est plus blotti sur ses genoux comme au début du film. Oubliant la cassette qui continue à se dévider pour rien, il part à sa recherche.

Cuisine, salle à manger, entrée... Pas de chien.

Il gravit l'escalier, et se met à regretter de n'avoir pas pensé à fermer les portes des chambres du premier étage. Que sera-t-il arrivé aux chaussons de papa, de maman...

Chez Martin, il inspecte sous le lit et derrière le bureau.

Chez les parents, il jette un œil sous l'armoire et sous le lit. Rien en vue. Aucun son. Aucun dégât non plus.

Dans sa chambre, il découvre son livre de chevet mordillé, mâché, même, tordu, avec la couverture arrachée; sa dernière maquette est tombée de son socle, au pied de l'étagère. Le dinosaure a perdu le devant de sa tête et ses deux pattes de derrière. Ce ne sera pas difficile de le réassembler.

Mais toujours pas d'Uranus.

Une bonne demi-heure plus tard, après avoir parcouru la maison cinq ou six fois de suite, son œil de détective perçoit une petite bosse sous le couvre-lit des parents. Il tâte pour s'assurer que ce n'est pas le pyjama de son père. La chose se met à s'agiter et à émettre des sons étouffés. Jérémie l'aide à trouver une sortie. Il lui embrasse le museau, le gratte derrière les oreilles pour le féliciter d'avoir été si sage et de ne pas avoir trop fait de casse.

– Uranus, c'est l'heure de la marche en forêt. Viens. Il y aura des champignons. Je vais t'apprendre à traquer le champignon. Après, nous serons très riches, tous les deux.

Uranus réintègre son moyen de locomotion : le sac de sport. Jérémie sort son vélo du garage et pédale sur les graviers de l'allée. Il accélère en longeant le jardin des voisins, car Mme Barral, en bottes et ciré jaune, repique des rangées de salades, comme toujours.

Il prend à droite à la sortie du hameau, en direction de la forêt.

Saisi d'un doute, au milieu de la côte, il détache son sac pour vérifier qu'il a bien la laisse. La ficelle et sa ceinture de cuir sont à leur place, dans la poche de côté.

Arrivé sur l'allée des Milons, il laisse le chien bondir hors du sac, pensant qu'il va suivre gentiment la bicyclette; cela lui musclera les pattes, de courir un peu. A la clairière qu'on appelle l'Étoile, il abandonnera le vélo et commencera la chasse aux champignons.

Comment font les cyclistes que l'on voit rouler au bord des routes, leur chien sur les talons, ou plutôt collé à la roue arrière, appliqué à suivre exactement le rythme de leur maître? Les ont-ils dressés patiemment? Va-t-il falloir donner des leçons à Uranus pour obtenir ce résultat?

Alors que Jérémie pédale au milieu de l'allée, en direction de l'Étoile, Uranus s'enfonce dans le sous-bois, gratte la couche de feuilles mortes au pied d'un chêne, renifle une limace, court à droite, puis à gauche, et remonte l'allée en sens inverse. Jérémie pose un pied par terre et se retourne à temps pour voir le petit chien déboucher de l'allée des Milons et disparaître après avoir traversé la route.

– Uranus! hurle-t-il.

« J'aurais dû lui mettre la laisse, triple idiot! »

Il fait pivoter son vélo et pédale debout en continuant à appeler le chien. Une fois sur la route, il ne voit rien ni à droite, ni à gauche, ni dans le champ en face.

– Uranus! crie-t-il au bord des larmes.

Si une voiture survient, ou un tracteur, le chiot risque de se faire écraser. Que faire? Prendre à gauche? à droite? Attendre?

Jérémie s'assied sur sa selle, incapable de se décider.

C'est alors que, jaillissant de nulle part, le chiot passe sous le pédalier, l'air content de lui.

Jérémie voudrait l'embrasser en même temps que le battre.

L'idéal, se dit-il, serait de le promener enfermé dans un porte-bébé. Il pourrait profiter du paysage et respirer l'air libre sans risquer de se sauver et de se faire écraser...

– Commençons le dressage...

Tenant le vélo d'une main, il place Uranus au pied de la roue arrière et fait

un signe du doigt qui signifie : « on ne bouge pas. On ne bouge que quand je roule ».

Il démarre et crie :

– Allez, Uranus, cours derrière moi. Tout droit, tout droit.

Il pédale la tête pratiquement dévissée pour voir si le chien obéit, et après quelques mètres s'écrase au sol, le vélo sous lui en plein milieu de l'allée.

Genou, coude, hanche, menton, les quatre points faibles, ceux qui régulièrement prennent leur ration de bleus et d'égratignures, brûlent et piquent. Mais Jérémie ne pense qu'au chien qu'il croit avoir écrasé sous la roue arrière.

Il se redresse péniblement et regarde. Non, le chien n'a rien. Il descend, tranquille, dans le petit fossé qui longe l'allée.

Jérémie touche son menton. Un peu de sang tache son doigt. « Et d'une égratignure, pour la figure! » constate-t-il avec philosophie. Il soulève la manche de son blouson pour vérifier le coude : la peau est blanchie, râpée mais pas entamée. Sous la ceinture de son pantalon, juste sur l'os de la hanche, un carré rouge qui, il le sait, sera bleu ce soir et violet dans deux jours.

Le vélo n'a pas souffert. C'est un petit bicross hérité de Martin, qui ne craint plus rien, qui en a vu d'autres...

Jérémie n'a plus envie de promenade, ni de champignons, ni peut-être même de journée de vacances. Il a encore envie d'un chien puisqu'il le remet prestement dans son sac, sans lui demander son avis sur la suite des événements.

– On rentre, Uranus. Les forêts sont faites pour les grands chiens dressés.

Il est midi. Le ciel s'est éclairci.

Jérémie se laisse glisser dans la descente, prend à gauche. Sur le poteau téléphonique, une affichette attire son attention. Est-ce la kermesse de l'école ou l'avis de relevé d'électricité?

Au feutre noir très épais est écrit : « Perdu chiot noir de trois mois. Oreilles larges. Queue frisée. »

Jérémie en fait un dérapage à droite.

Un peu plus loin, sur le poteau électrique, la même affiche.

Et une autre sur le panneau annonçant le nom du hameau. Toutes indiquant le nom, l'adresse et le numéro de téléphone de M. Barral.

Quelle imprudence, cette sortie en forêt!

Jérémie se sent brûlant à l'intérieur de la tête. Quoi qu'il fasse, il a le sentiment d'être traqué.

Vivement le retour de Martin!

Il a besoin de parler à un être humain. Il a besoin d'un avis éclairé.

Chapitre 9

– Tu sais bien que tu n'as pas le choix, mon vieux, répète Martin pour la troisième fois. Relâche ce chien à côté du trou de la clôture, il retournera voir sa mère et ses maîtres et il n'y aura plus de problèmes... Qu'est-ce que tu peux être lourd, tu sais, quand tu t'y mets...

(Cette année, les petits frères se font traiter de « lourds » par leurs aînés; c'est le nouveau mot à la mode pour insulter. L'année précédente, ils étaient « nuls » et, l'année d'avant, ils se faisaient appeler « bouffons ».)

Jérémie veut bien être nul, bouffon et lourd, mais il ne veut pas abandonner le chiot chèrement gagné. Il a attiré Martin dans la cabane pour avoir son aide et son avis : s'il avoue tout aux parents, y aurait-il une chance qu'ils acceptent d'acheter Uranus, impressionnés par l'obstination de leur fils?

La réaction de Martin a été immédiate, foudroyante. Jérémie en a entendu de toutes les couleurs :
– Tu rêves! Redescends sur terre! Il n'y aura jamais de chien chez nous! Et ils ne te pardonneront jamais, tu entends, JAMAIS, un vol de chiot, eux qui ont fait une histoire pas possible l'année où on a piqué quatre cerises! Si on peut appeler cela piquer : nous les avions cueillies dans un jardin abandonné! C'était nous ou les oiseaux... Mais, pour en revenir à ton abruti de chiot, quel plaisir en tires-tu seulement? continue Martin. Tu es obligé de le cacher, de te cacher. Tu n'en profiteras ni le jour, pendant l'école, ni la nuit, à la maison. Tu vas donc séquestrer cette bête, lui rendre la vie misérable, pour faire joujou égoïstement deux ou trois heures par jour, à tout casser! Tu trouves ça logique, toi?

Jérémie sait que son frère a raison, mais, s'il l'écoute, jamais une occasion d'avoir un chien à lui ne se reproduira.

– Regarde comme il est mignon, dit-il en le tendant à son frère, qui ne fait pas un geste pour le prendre. Je le redonnerai plus tard. Dans une semaine. Si j'ai réalisé mon rêve une semaine, je serai content.

– Dans une semaine, tu diras encore une autre semaine... Au contraire, il faut tout de suite t'en séparer. Après, tu y seras trop attaché... Et lui, il sera déjà mort de chagrin. Tu réalises, si on t'avait pris à maman quand tu avais quelques mois...

Jérémie en frémit.

– Je ne m'en serais pas aperçu, crâne-t-il. Avant un an, on ne connaît pas ses parents. Et puis, tu trouves que M. Barral leur fait une vie plus drôle, aux chiens? A part quelques moments de récréation, ils sont enfermés dans leurs petits enclos, été comme hiver, tassés les uns sur les autres. Pourquoi crois-tu qu'ils aboient comme ça? C'est qu'ils sont malheureux. Si la Société protectrice des animaux voyait comment il les traite, elle lui ferait des ennuis...

– Et c'est pour le sauver de cet enfer que tu l'as kidnappé! Jérémie, Ange-Libérateur des chiens maltraités! Non, c'est par égoïsme. Pour ton petit plaisir à toi. Eh bien, je ne m'en mêle plus. Débrouille-toi, et ne compte pas sur moi pour t'aider. Si on t'arrête pour vol, si les parents ou les Barral te découvrent, je te dirai : bien fait. Tu l'as cherché!

Martin s'en va. Il n'a pas de temps à perdre : ses devoirs l'attendent, il y a énormément de devoirs, en cinquième.

Jérémie n'ose pas promener le chien dans le village, ni même jouer avec lui dans le jardin : M. Barral risquerait de le voir et, surtout, Uranus pourrait lui échapper par surprise et se glisser sous la haie.

C'est dans la petite cour de derrière, celle qui est entourée par la maison, le garage et la grange à outils, qu'il passe son temps libre avec le chiot. Il le fait jouer avec des petites balles, des bouts de bois. Il lui apprend à rapporter les choses qu'il lance en disant « va chercher » et à ne pas toucher les objets quand il dit « laisse! ». Le petit chien, sans doute trop jeune pour être éduqué ainsi, fait n'importe quoi, et de toute façon n'a qu'une envie : dévorer les balles, les bâtons et ce qui lui tombe sous les dents. Jérémie continue à donner ses ordres en riant bruyamment à chaque désobéissance. Il rêve de n'avoir pas seulement un chien à dresser, mais une classe entière de chiens, les vingt-cinq chiens de M. Barral qu'il mettrait en rang deux par deux comme fait M. Rignaud, le professeur de gymnastique, avec le CM 2.

Jérémie redoute un peu le retour de maman qui ne devrait plus tarder : d'abord il faudra aller remettre Uranus à la cabane, alors que depuis ce matin il est en liberté et profite de la compagnie de Jérémie; ensuite, il va falloir faire le malade, le dolent, pour justifier l'absence à l'école et obtenir l'indispensable mot d'excuse...

Six heures du soir.

Pauvre Jérémie fait ses devoirs : maman a exigé qu'il téléphone à un copain de classe pour savoir ce que la maîtresse a donné à faire pour demain. Uranus doit se morfondre dans la cabane où Jérémie l'a laissé avec six balles, un os en caoutchouc, une paire de vieilles chaussures, douze madeleines et une boîte de Fidocanina.

Sept heures et demie : entre la douche et la corvée du couvert (pourquoi toujours moi et jamais Martin ?), Jérémie fonce à la cabane. Tout va bien. Uranus dort, enroulé sur un des coussins de mousse. Qu'il est beau quand il dort !

Onze heures. Martin dort et les parents sont couchés. Le son du dernier journal télévisé filtre à travers la porte de leur chambre, lorsque Jérémie descend en chaussettes, une lampe électrique à la main, pour faire sa dernière visite à la cabane avant de dormir.

– J'ai tellement envie de te ramener dans mon lit comme hier, soupire-t-il en caressant le chiot qui lui fait fête. Si tu étais plus sage, si j'avais une porte, si papa avait le sommeil moins léger, je te jure que je te prendrais avec moi...

Le lendemain matin, Jérémie, qui

s'était pourtant promis de se lever dès l'aube pour aller voir un moment Uranus, se réveille *in extremis.* C'est samedi, et le samedi rien n'est pareil : les parents restent au lit plus tard, ainsi que Martin qui n'a pas cours ce jour-là. A huit heures et quart, dix minutes avant le passage du car, maman crie de son lit :

– Tu es prêt, Jérémie, j'espère. Il va être huit heures vingt.

Heureusement qu'il s'est couché tout habillé hier soir, pour être plus vite d'attaque le lendemain.

Il bondit de son lit, met ses chaussures et dégringole l'escalier.

– N'oublie pas les dents, rappelle maman juste quand il passe devant sa porte.

S'il se brosse les dents, il n'aura pas le temps de se rendre à la cabane.

– C'est fait depuis longtemps, a-t-il le culot de répondre à sa mère. Au revoir, à midi...

Il a beau se priver de petit déjeuner et courir le long de l'allée, il est trop tard. On entend au loin le bruit du moteur Diesel du vieux car de ramassage. En passant devant la cabane au pas de course, il crie :

– Au revoir, Coco. Je reviens bientôt.

Mauvaise matinée. Dictée, calcul... Heureusement, la dernière heure est consacrée à dessiner des programmes pour la kermesse. Après, il faudra faire la tournée des maisons et des appartements pour les vendre.

Le car dépose Jérémie à midi dix devant le chemin. Un peu plus, Alfredo allait oublier de s'arrêter. Jérémie ne sait jamais s'il veut le taquiner ou bien s'il oublie vraiment les détails de son itinéraire. Voilà pourtant cinq ans qu'il le charge et le dépose à cet endroit.

Avant de se diriger vers la cabane, il jette un regard chez lui. La porte du garage est ouverte; la grosse voiture n'est pas là : papa et maman ne sont pas encore revenus de leur expédition hebdomadaire au supermarché. Le vélo de Martin est appuyé au muret d'entrée.

Jérémie escalade en trois enjambées l'échelle, ouvre la porte. La cabane est vide, silencieuse, dévastée, enfin presque : les chaussures sont en pièces (normal, elles étaient là pour ça). Un des coussins de mousse ressemble à un puzzle désassemblé. Il y a du vomi et des flaques en tout genre sur la moquette. Et pas de chiot. Jérémie sort précipitamment. Un son très faible, en bas, finit par attirer son attention alors qu'il est en train d'observer que la porte, malgré son cadenas, ne devait pas fermer suffisamment sur le côté pour empêcher un minuscule chiot de se faufiler s'il le voulait vraiment.

Cette tache noire dans les hautes herbes sous l'arbre...

Ce petit tas immobile et gémissant.

Jérémie se précipite : c'est bien Uranus. Il saigne de l'oreille droite et du dos. Ses pattes sont informes. Il est collé au sol comme s'il n'était plus qu'une fourrure vide. Et, les yeux fermés, il pousse un cri tellement étouffé qu'on dirait un soupir.

Jérémie devient blanc, se met à trembler. Une panique comme il n'en a jamais éprouvé le saisit.

– Martin! hurle-t-il.

Pas de réponse. Martin doit être planté devant la télévision. Il y passe sa vie. Jérémie, en trois secondes, est déjà dans la maison.

– Martin! Vite! Viens avec moi! Il est mort! Il va mourir!

Martin est à un doigt de l'envoyer au diable, mais la pâleur, l'horrible grimace, la peur sur le visage de son frère le terrifient lui aussi.

– Explique-toi. Qui est mort?

– Le chien! Viens vite...

Les deux frères courent hors de la maison. Martin est pris d'une nausée en voyant Uranus.

– Ce n'est pas vrai! dit-il presque tout bas.

Il ne peut pas s'en empêcher, il envoie un grand coup de pied dans les jambes de son frère et lui crie :

– Mais qu'est-ce que tu attends? Qu'il crève dans des souffrances affreuses? Tu n'es pas venu me chercher pour que je l'opère avec mon scalpel de survie, non? Cours chercher M. Barral!

Plutôt mourir, mais il n'a pas le choix. Avant de filer chez les voisins, Jérémie crie à son frère :

– Retourne à la maison! les parents vont arriver! Jure-moi de ne rien dire!

Jure-le-moi ! Même si M. Barral me tue, hein, tu ne dis rien !

Il pénètre dans le jardin du voisin. Martin, qui ne supporte pas le spectacle du chiot agonisant, rentre chez lui. Pas la peine d'attirer l'attention des parents sur les abords de la cabane !

M. Barral n'est pas en vue.

Ni sur son terrain, ni dans la maison que Jérémie parcourt comme si c'était chez lui.

Mme Barral désherbe un de ses potagers, là-bas devant l'étang.

Il n'a fallu que quelques phrases pour qu'elle comprenne tout : l'obsession du petit garçon, l'enlèvement, le drame. Et, pourtant, Jérémie ne savait même plus ce qu'il expliquait, tellement il était pressé qu'on agisse. Et il n'arrêtait pas de se traiter de tous les noms, de se donner tous les adjectifs possibles, ce qui embrouillait encore plus son récit.

Mme Barral pose ses outils de jardin, son chapeau et dit seulement :

– Allons bon !

Elle se dirige vers sa voiture, une

vieille ruine rouillée aux portes dépareillées. Elle met en route.

– Je vais le transporter chez le vétérinaire de Nogent. Prends la couverture qui est dans le coffre. Je vais essayer de le poser dessus sans le casser davantage...

« Tu as de la chance, ajoute-t-elle en regardant Jérémie de ses petits yeux noirs plissés. M. Barral est parti se faire arracher une dent. Il ne sera pas là avant une heure...

Avec précaution, ils chargent le chiot sur le siège du passager, bien enveloppé dans la couverture. Il n'a pas ouvert les yeux. Est-il mort, dans le coma, ou simplement assommé par la douleur ?

Mme Barral file vers la nationale après avoir dit à Jérémie en larmes :

– C'est dangereux de trop aimer les animaux. C'est ce que je dis tous les jours à mon mari. Tâche de t'en souvenir, mon grand !

Chapitre 10

Sur la plus haute branche de son pommier, Jérémie broie du noir. Il n'a plus envie de rien, lui qui, depuis son enfance la plus tendre, a toujours eu envie de quelque chose.

Il ne peut plus penser à un chien.

Il n'a plus envie d'un animal, un vrai.

Son anniversaire ne l'intéresse plus, ni même la kermesse de l'école.

Il attend, le cœur serré, le retour de Mme Barral. Son avenir dépend des nouvelles qu'elle apportera.

Est-ce qu'il pourra continuer à vivre comme tout le monde, comme si de rien n'était, à vivre comme vous et moi, avec un petit chien mort sur la conscience ?

Comment se sent-on lorsqu'on a arrêté une vie de chien ? Même si on sait ce que cela veut dire, « une vie de chien » !

La voiture bringuebalante qu'il guette depuis deux longues heures passe le tournant et progresse dans le hameau.

Jérémie saute de l'arbre et file à sa rencontre. Il faut qu'il parle à Mme Barral avant qu'elle pénètre dans son jardin et que son mari les voie.

Elle stoppe la voiture. Jérémie regarde, horrifié, la place vide du passager, ainsi que le siège arrière.

– Ne fais pas cette tête-là, dit-elle. Je

crois qu'il va s'en tirer, notre petit chiot. Il a les quatre pattes cassées et une blessure au dos, mais le vétérinaire dit que, si on y tient vraiment, il peut réparer ça.

– Comment, si on y tient vraiment... Qu'est-ce qu'il veut dire ?

– Il veut dire ce que cela veut dire. Un chiot si jeune, il peut soit l'endormir pour toujours, soit le remettre en état. A nous de choisir.

– Et qu'est-ce que vous avez répondu ?

– Et qu'est-ce que je pouvais répondre, mon pauvre chat ! Ça me coûtera sûrement les yeux de la tête ! Ma récolte de miel de l'année y passera en grande partie... Et moi qui voulais changer ma machine à laver cet été... Mais on n'est pas des sans-cœur... Pas vrai ?

– Pour vous rembourser, je vous donnerai mon argent de poche jusqu'à mes dix-huit ans...

– Il faudra plus que ça : tu m'aideras à désherber mon potager, à surveiller les ruches, à vendre mes herbes...

– Je le ferai dès mon retour de l'école le soir et, pendant les vacances, du matin jusqu'à la nuit. Promis.

– Alors ça ira.
– Où est-il ?
– Je l'ai laissé chez le vétérinaire pour la semaine. C'est un ami, il va nous le rendre comme neuf. Au fait, je ne lui ai pas parlé des circonstances, je le connais trop, un bavard pareil, incapable de tenir sa langue. Je ne raconterai rien non plus à la maison bien sûr, surtout à mon mari. Il ne faut pas tout dire aux hommes, pas vrai ? Tu essaieras de te souvenir de ça quand tu en seras un...

Elle repasse la première vitesse qui grince vilainement, et va se garer dans son jardin. Dans sa tête, le mensonge est tout prêt : comment, grâce au hasard et à ses yeux perçants, elle a aperçu en roulant Uranus gisant au bord de la route nationale, à demi mort.

Dans une semaine, le petit chiot, les pattes plâtrées, sera présent aux appels du matin et du soir.

A propos de ces maudits appels et du reste, des aboiements, de l'odeur de chien qui a envahi le hameau, rien n'a plus d'importance. Martin vient de l'apprendre à l'instant à Jérémie : leurs parents ont fini par vendre la maison à un instituteur de Nogent qui ne veut plus vivre en ville. Il est venu ce matin revoir les lieux. Il déborde d'enthousiasme. Il dit qu'il aime la nature, les chiens, les canards, les poules, les grenouilles. Il aime aussi les chats. Il en a neuf. Avec un peu de temps, ils pourront être vingt-cinq comme les chiens ou cent trois comme les canards.

Jérémie ne sera plus là pour faire les travaux de jardinage chez Mme Barral. Elle lui pardonnera. Les enfants ne sont pas maîtres de leur destin.

La nouvelle maison que les parents vont acheter à la place est à vingt kilomètres du Plessis. Une ancienne demeure de garde forestier, en plein bois. Pas une âme qui vive à moins de cinq kilomètres à la ronde.

Papa a dit qu'il allait falloir un chien, peut-être même deux, pour garder la maisonnée quand il part en voyage pour son travail.

l'Atelier du Père Castor présente

la collection Castor Poche

La collection Castor Poche vous propose :

- des textes écrits avec passion par des auteurs du monde entier, par des écrivains qui aiment la vie, qui défendent et respectent les différences;
- des textes où la complicité et la connivence entre l'auteur et vous se nouent et se développent au fil des pages;
- des récits qui vous concernent parce qu'ils mettent en scène des enfants et des adultes dans leurs rapports avec le monde qui les entoure;
- des histoires sincères où, comme dans la réalité, les moments dramatiques côtoient les moments de joie;
- une variété de ton et de style où l'humour, la gravité, la fantaisie, l'émotion, la poésie se passent le relais;
- des illustrations soignées, dessinées par des artistes d'aujourd'hui;
- des livres qui touchent les lecteurs à différents âges et aussi les adultes.

Un texte au dos de chaque couverture vous présente les héros, leur âge, les thèmes abordés dans le récit. Vous pourrez ainsi choisir votre livre selon vos interrogations et vos curiosités du moment.

Au début de chaque ouvrage, l'auteur, le traducteur, l'illustrateur sont présentés. Ils vous invitent à communiquer, à correspondre avec eux.

CASTOR POCHE
Atelier du Père Castor
4, rue Casimir-Delavigne
75006 PARIS

285 **Le cercle de pierres** **(senior)**
par Nancy Bond

Un été, sur un chantier archéologique... Même si Pennie, à quatorze ans, est trop jeune encore pour prendre part aux fouilles, ce pourrait être des vacances de rêve. Or, non seulement l'ambiance est tendue dans cette famille où, à la suite d'un remariage, chacun doit s'adapter, mais encore, sur le chantier, les incidents se multiplient. Malveillance? Accidents ?

286 **Stève et le chien Sorcier**
par Anne Pierjean

Au cours d'une partie de pêche au bord de la Drôme, Stève et son inséparable ami Pat rencontrent Carême le clochard qui vit avec son chien, Sorcier. Le vieil homme prétend posséder un trésor dont il serait le seul, avec son chien, à connaître la cachette. Quelques jours plus tard, Carême est victime d'une agression...

287 **Dix-neuf fables d'oiseaux**
par Jean Muzi

Ces fables, empruntées à la littérature populaire d'Europe, d'Asie et du Moyen-Orient, montrent des oiseaux moins écervelés qu'on le dit et qui savent aussi jouer de malice pour ridiculiser des animaux bien plus impressionnants qu'eux...

288 **L'apprenti amoureux**
par Marie-Christine Helgerson

Lyon, 1542. Anne est l'aînée de la famille. Son père imprimeur a deux apprentis, Nicolas et Gilles, qui ont quinze ans. Gilles et Anne sont amoureux. Mais une simple parole de la célèbre poétesse Louise Labé suffit à semer le trouble dans le cœur de Gilles... A ses yeux, Anne n'est plus qu'une petite fille...

289 Touchons du bois (senior)
par Renée Roth-Hano

Les Allemands occupent l'Alsace. La famille Roth va chercher refuge à Paris. Devant la montée du nazisme, les parents décident de mettre leurs trois filles dans une institution catholique en Normandie. Renée, neuf ans à l'été 1940, raconte au jour le jour sa vie et celle de ses jeunes sœurs durant ces quatre années de guerre.

290 La ballade des Lackawanna
par Chester Aaron

1931, aux États-Unis. Pendant la grande crise économique, Willy, quinze ans, se retrouve à la rue. Avec Carl, Slezak, Norman, Deirdre et son frère Herbie, Willy forme une famille. Ils se surnomment les Lackawanna. Mais Herbie, neuf ans, disparaît, les Lackawanna partent à sa recherche en s'embarquant clandestinement dans les trains de marchandises...

291 Une chèvre pour Yaya
par Nadia Wheathy

Même si l'Australie se trouve très loin de la Grèce, Mareka serait tout à fait heureuse d'y vivre. Mais sa grand-mère, sa Yaya, se sent perdue et malheureuse. Elle regrette son village et sa chèvre Poppy. Mareka a une idée !

292 Papa Longues-Jambes
par Jean Webster

A dix-sept ans, Judy fait connaissance avec la vie universitaire grâce à la générosité d'un bienfaiteur anonyme. Mais Judy, qui est orpheline, devra lui rendre compte à travers ses lettres des événements marquants de sa vie nouvelle. Judie ne sait rien de cet homme."Papa Longues-Jambes", comme elle le surnomme dans sa correspondance à sens unique, répond... à sa manière.

293 L'enfant du vent
par Ashley Brian

Quatre récits, mi-contes, mi-fabliaux, issus de différentes cultures d'Afrique noire. A-t-on jamais vu un lion père d'une nichée d'autruchons ? Un gamin joue avec l'enfant du vent et découvre son secret. Le lièvre en a assez des jeux du chacal. L'enfant qu'on appelait le Nigaud devient astucieux en grandissant...

294 Le libre galop des pottoks
par Résie Pouyanne

Pampili rêve de voir les pottoks, ces mystérieux chevaux sauvages qu'il entend galoper dans la nuit. Un jour, avec son copain Manech, Pampili sauvera une jeune pouliche tombée dans une ravine. Et c'est le début d'une grande amitié entre le garçon et l'animal.

295 Le jardin secret
par Frances Hodgson Burnett

Seule survivante d'une épidémie de choléra dans un petit village des Indes, Mary arrive en Angleterre pour vivre chez son oncle dans un immense manoir isolé. L'oncle Archibald est un homme étrange et dans cette demeure emplie de mystères, Mary va de surprise en surprise...

296 Pièce à conviction (senior)
par Bernard Ashley

Hold-up manqué à Londres. Sam, le chauffeur de taxi qui avait pris les bandits en charge, découvre dans son véhicule un objet qui pourrait bien servir de pièce à conviction. Il l'empoche. Grâce à cet objet clé, Sam espère tenir la dragée haute à la mafia qui terrorise le quartier, et par là protéger les siens. Mais c'est sa petite-fille, Paula, qui va devoir du haut de ses quatorze ans faire face au plus gros de la tourmente.

297 Les fuyards de la nuit
par Vivien Alcock

Le cirque doit fermer. Les animaux sont vendus les uns après les autres. Charlie et Belle, les deux enfants de la troupe, apprennent que Tessie, la vieille éléphante qu'ils adorent, va être abattue. Charlie et Belle élaborent un plan pour tenter de sauver l'animal...

298 Des ennuis, Julien ?
par Anne Pierjean

Julien part en convalescence à la montagne chez sa sœur Brigitte, jeune institutrice. Il fait la connaissance d'une petite bande. Mais dès leur première rencontre, Mathieu le chef du clan et Julien se heurtent. La disparition mystérieuse d'un vélo, une bagarre, il n'en faut pas plus pour qu'éclate le drame.

299 Le coupeur de mots
par Hans-Joachim Schädlich

Sur le chemin de l'école, Paul rencontre un étrange personnage qui lui propose de faire ses devoirs à sa place. En contrepartie, ce colporteur diabolique lui demande de lui céder tous ses articles définis, puis ses prépositions et ses formes verbales... Paul accepte le marché mais désormais, il parle une langue appauvrie et va devoir faire face à des malentendus cocasses ...

300 La fièvre du mercredi
par Claude-Rose et Lucien-Guy Touati

Vincent et Nicole n'en peuvent plus. Leur emploi du temps du mercredi, prétendument jour de repos, est un vrai marathon... Comment faire comprendre aux parents qu'ils aimeraient un peu respirer le mercredi ?

301 **La croisade des grenouilles** (senior)

par Stephen Tchudi

Depuis des années, David Morgan, seize ans, élève des têtards prélevés dans le marais pour les observer avant de les rendre à leur eau natale. Mais, ce printemps-là, David apprend la construction prochaine d'un grand centre commercial après assèchement des lieux ! Avec son ami Mike, David lance une enquête et tente d'enrayer le projet...

302 **Rue Planquette**

par Sandrine Pernush

Elsa maudit Paris, la touffeur du mois d'août, cette rue Planquette où, désormais, elle devra habiter."On" l'a forcée à déménager,"on" l'a arrachée à Bordeaux, à sa meilleure amie. Elsa refuse de commencer une nouvelle vie. Pourtant, un après-midi d'orage, elle aperçoit un garçon sous un parapluie rouge...

303 **Nouvelles d'aujourd'hui** (senior)

par Marcello Argilli

Un éventail d'histoires courtes, à la fois cocasses, inquiétantes et tendres. La télévision, l'école, les robots, la magie des mots, les contes, le temps, le pouvoir de l'imagination... Autant de thèmes, traités avec humour et un sens critique décapant, qui laissent à penser, à réfléchir.

304 **Millie et la petite clé**

par Anne-Marie Chapouton

Millie vient d'arriver chez sa grand-mère. Elle va sûrement y vivre des aventures extraordinaires, comme à chaque fois. Quand elle trouve une petite clé dorée, elle a tôt fait de découvrir la porte nichée sous le lierre. Et la voilà dans un immense jardin enchanté. Au détour des sentiers, le long du chemin creux, Millie va aller de frayeurs en surprises...

305 **L'enquête. Les enfants Tillerman (senior)**
par Cynthia Voigt

A seize ans, James est mal dans sa peau. Toujours brillant en classe, il reste un solitaire qui se lie difficilement. Il voudrait en savoir plus sur ce père qui a abandonné sa femme et ses quatre enfants. James tente d'entraîner son frère dans son enquête. Sammy se laisse prendre au jeu, qui bientôt n'en est plus un...

306 **Un cheval de prix**
par Mireille Mirej

Nathalie, onze ans, est passionnée de chevaux. Pourtant, elle n'a jamais eu l'occasion de monter à cheval. Un télégramme fait basculer son univers : on lui offre un cheval. Comment héberger un tel animal quand on habite une cité de la banlieue parisienne ? La partie n'est pas facile à gagner...

307 **José du Brésil (senior)**
par Aurélia Montel

Au début du siècle, au Brésil, la vie est rude pour les paysans du Ceara. Quand le jeune José découvre le vieil homme qui l'a recueilli, mortellement blessé, c'en est trop pour lui. José entame alors une longue marche vers la côte qui le conduit jusqu'en Amazonie. Cependant, l'adversité, sous l'inquiétant visage d'un aventurier redoutable, s'attache aux pas de José...

308 **Julie, mon amie gorille**
par Francine Gillet-Edom

Hier encore, Aubrée était à Bruxelles et la voilà pour un mois au Zaïre. Lors d'une promenade à cheval avec son cousin, elle découvre un bébé gorille blotti auprès de sa mère morte. Mais, Julie, comme l'a prénommée Aubrée, suscite la convoitise des trafiquants. Pourra-t-on la ramener dans le sanctuaire des derniers gorilles des montagnes?

309 **La maison en danger**

par Marilyn Sachs

La maison des Ours, Fran Ellen l'adore. C'est une maison de poupée. La maîtresse a dit que le soir des vacances elle la donnerait à l'élève le plus méritant. Fran Ellen sait bien que ce ne sera pas elle : elle suce encore son pouce-à dix ans !-et d'ailleurs personne ne l'aime. En plus, à la maison, la vraie, rien ne va. Avec une volonté farouche, Fran Ellen va tenter de faire face.

310 **Laura et le mystère de la chambre rose**

par Jacques Delval

Pour lui éviter de longs trajets quotidiens entre l'école et la maison, Laura va habiter chez une grand-tante. Et voici Laura emportée dans une aventure des plus étranges. Quel mystère cache la vieille demeure ? Pourquoi ces bruits inquiétants, ces chambres toujours fermées à clef ?

311 **Prune**

par Luce Fillol

Prune, dix ans, se laisse aller à la douceur de vivre dans un nid douillet. Un jour, inexplicablement, le nid se lézarde, se fend comme une coquille fragile. Prune brutalement "réveillée" se trouve mêlée aux problèmes de ses voisins. Elle va lutter pour le bonheur des autres en espérant la réconciliation de ses parents.

312 **La terre de Yenn (senior)**

par Jean Coué

Il y avait alors le Bréac'h du bas avec ses toits d'ardoises, sa mairie et son clocher piqué sur le mouvant du ciel. Et il y avait le Bréac'h du haut. C'était une autre vie, une autre terre, isolée dans la profondeur de ses pierres, de ses moissons tardives. Une vie dure que Yenn, l'enfant du Bréac'h du bas, décide d'affronter.

313 **La maison retrouvée**
par Marilyn Sachs
Maman est guérie, la famille à nouveau réunie... Tout sera bientôt parfait, même si la petite sœur adorée tarde à se laisser réapprivoiser, même si la maison des Ours a durement souffert de ces deux ans d'abandon forcé. Mais, rien n'est plus comme avant, Fran Ellen s'en aperçoit vite. Le plus dur sera de l'accepter, et d'accepter de grandir sans se laisser abattre.

314 **Le cannibale de Joséphine**
par Roger Judenne
Dans la chaleur d'une fin d'après-midi, Robert Deprémesnil rejoint sa fille. Le riche planteur est heureux de lui offrir l'un des esclaves qu'il vient d'acheter. Le petit homme aux yeux vifs intrigue tout de suite Joséphine. Son imagination va l'entraîner à échafauder les hypothèses les plus folles...

315 **Tu avais promis !**
par Kathy Kennedy Tapp
Passionnées par l'univers de Tarzan, Erin et son amie se sont aménagé un refuge secret. De cet endroit caché, Erin va faire une découverte qui la bouleverse...Que se passerait-il à la maison si sa mère apprenait la vérité ? Et ses projets de vacances ? Avec la joie de vivre de ses douze ans, Erin décide de se battre..

316 **Le défi d'Alexandra (senior)**
par Scott O'Dell
Les Papidimitrios sont pêcheurs d'éponges depuis des générations. Au cours d'une plongée au large des côtes de Floride, le père est victime d'un accident. Sous la conduite de son grand-père, Alexandra décide de reprendre le difficile métier. Mais tous les dangers ne résident pas dans les profondeurs marines...

317 **Une page se tourne (senior)**
par Jenny Davis
Edda, au seuil de l'âge adulte, se penche sur son enfance avec un regard lucide et tendre. La vie n'a pas toujours été facile pour son petit frère et elle. Leur mère a été durement marquée par la mort accidentelle de leur père, et le fait qu'elle soit tombée amoureuse de l'homme responsable de l'accident n'a pas simplifié les choses.

318 **Une grand-mère d'occasion**
par Christine Arbogast
Finie la salle de jeux ! Les parents de Nicolas ont décidé d'y accueillir une pensionnaire. Et quelle pensionnaire ! La présence de Mme Ushuari va transformer bien des choses à la maison et dans la vie de Nicolas. Il faut dire qu'elle n'est pas une grand-mère comme les autres !

319 **Blaireaux, grives et compagnie**
par Molly Burkett
Chez la famille Burkett, les animaux ne font que passer, le temps de se refaire une santé avant de retrouver la liberté. Mais, que le séjour soit bref ou long, de la couleuvre au hérisson, chacun fait preuve d'imagination !

320 **Vie et mort d'un cochon (senior)**
par Robert-Newton Peck
Quand Robert trouve la vache du voisin en train de s'étouffer et le veau qui n'arrive pas à naître, il réussit à les tirer d'affaire comme un homme. En récompense, il recevra un cochon qui sera sa grande richesse. Mais, dans une ferme si pauvre, peut-on garder une bête seulement pour le plaisir?

321 **L'enfant multiple (senior)**
par Andrée Chedid
Marqué par la violence et la mort, Omar-Jo découvre Paris. Il rencontre Maxime le forain, qui laisse son manège à l'abandon. Et dans la nuit, les lumières s'allument, la musique éclate, la fête commence. L'enfant du malheur devient le messager de la joie.

322 **Sauvé par les éléphants**
par Hilary Ruben
Au cœur du Kenya, un jeune berger masaïs se fait attaquer et voler une partie du troupeau. Son cousin assiste à la scène sans intervenir. Abandonnant Konyek blessé, il rentre au village pour raconter une version tout à son avantage. Konyek arrivera-t-il à retrouver son bien et la confiance des siens ?

323 **Drôle de Noël !**
par Wolf Spillner
La grand-mère de Hans a pour seule compagnie un pigeon. L'animal vit dans sa cuisine, ce que sa belle-fille ne peut supporter. Le jour de Noël, il voit sa mère le pigeon mort à la main. Elle prétend l'avoir tué sans le vouloir. Hans tente alors de comprendre les sentiments de chacune.

324 **La famille dispersée. Le Train des orphelins.**
par Joan Lowery Nixon
En 1860 à New York, une famille d'origine irlandaise est frappée par le malheur. La situation désespérée oblige Mme Kelly à envoyer ses six enfants avec le Train des orphelins. Là-bas, dans l'Ouest, ils sont adoptés par différentes familles. Frances, l'aînée, raconte comment ils affrontent les séparations et les aventures de leur nouvelle vie.

325 **Le Chasseur de Madrid**
par José Luis Olaizola

Juan Lebrijano et sa famille quittent leur village pour s'installer à Madrid. Bientôt, il perd son emploi. Au cours d'une promenade dans un parc avec son fils Silverin, Juan a l'idée de chasser les pigeons pour nourrir sa famille. C'est défendu par la loi, et Silverin va vivre bien des péripéties, il jouera même dans un film.

326 **Dégourdis à vos marques**
par Edouard Ouspenski, Els de Groen

Bien des obstacles séparent Youri, soviétique, de Rosalinde, une amie hollandaise. Un concours international d'enfants modèles leur fournira-t-il l'occasion attendue ? La sélection impitoyable des candidats et la présence de voleurs d'enfants se conjuguent pour offrir un récit plein de suspense et d'humour.

327 **La montagne aux secrets (Senior)**
par Grace Chetwin

Dernier-né de dix enfants, Gom grandit sur la montagne avec son père bûcheron. Les gens du bourg regardent de travers ce garçon qui ressemble trop à sa mère, une étrangère. Il a l'œil trop vif, la langue trop bien pendue, et il semble savoir bien des choses pour un enfant de la montagne.

328 **Petit-Jean d'Angoulême**
par Chantal Crétois

Au début du XIIe siècle, Gianbatista, le sculpteur italien, arrive à Angoulême après un long voyage à cheval depuis Toulouse. À l'entrée de la ville, un jeune garçon, Petit-Jean, se propose de le guider jusqu'au chantier de la cathédrale et de lui trouver un logement. Mais la profonde affection qui les unit bientôt suscite bien des conflits avec leur entourage.

329 **Un creux dans le mur**
par Anne-Marie Chapouton

Parce que son père n'est pas revenu de la guerre, une fillette refuse d'apprendre à lire. Recueillie à la mort de sa mère par son oncle et sa tante, elle n'a pas une vie facile. Un jour, un homme s'arrête à la ferme. Aïna est certaine qu'il s'agit du voleur de troupeaux dont on parle tant. Malgré sa méfiance, une étrange relation s'instaure entre eux...

330 **Les fantômes de Klontarf**
par Colin Thiele

Matt et Terry vont jouer dans la colline. Un orage éclate, Terry tombe et se casse la jambe ! Matt laisse Terry à l'abri d'une demeure abandonnée. Lorsque les secours arrivent, Terry, prétend avoir vu des fantômes... Malgré l'hostilité des propriétaires de la vieille ferme, Matt et ses amis n'abandonnent pas. Ils vont affronter le danger pour découvrir quels mystères cachent ces vieux murs...

331 **Très chers enfants (Senior)**
par Christine Nöstlinger

Ce recueil est celui des lettres qu'Emma, âgée de soixante-quinze ans, aurait aimé adresser à sa famille. Parfois ironique, toujours drôle, le ton est celui d'une grand-mère soucieuse du bonheur de son entourage... et du sien.

332 **Un bateau bien gagné**
par Lee Kingman

Alec rêve depuis toujours d'avoir son propre bateau. Il est sûr de gagner celui de la tombola de la fête de la Mer. Hélas ! Et la vieille dame qui a gagné le canot compte le mettre sur sa pelouse et le garnir de pétunias ! Alec ne peut laisser faire une telle horreur !

333 **Dans l'officine de maître Arnaud**
par Marie Christine Helgerson

À Reims, au Moyen Âge, Thierry, fils d'un sculpteur veut être médecin pour guérir les lépreux. Il aime Margotte, une jongleuse acrobate. Les recherches de maître Arnaud, son professeur, progressent mal. Vivre avec Margotte ? Poursuivre ses études ailleurs ? Thierry devra choisir.

334 **Pris sur le fait. Le train des Orphelins.**
par Joan Lowery Nixon

En 1860, à New York, une famille irlandaise est frappée par le malheur. Mme Kelly est obligée d'envoyer ses six enfants dans le train des Orphelins vers l'Ouest. Ils sont adoptés par des familles différentes. Mike a été recueilli par les Friedrich, pour travailler à la ferme. Très vite, Mike va soupçonner M. Friedrich d'avoir commis un meurtre.

335 **Ma patrie étrangère (Senior)**
par Karin König, Hanne Straube, Kamil Taylan

Oya a grandi à Francfort et s'y sent chez elle. Ses parents décident un jour de rentrer en Turquie. Cette nouvelle bouleverse Oya qui ne pourra plus faire ses études d'infirmière. Et voilà que ses parents parlent déjà de fiançailles.

336 **À la dérive sur le Mississippi**
par Chester Aaron

Albie vit dans une vieille ferme du Wisconsin, près des berges du fleuve. Trop près, car à chaque printemps reviennent les crues. Alors qu'il est seul, le garçon se réveille en pleine nuit dans une maison flottant sur les eaux furieuses du Mississippi. Un puma, animal redouté des pionniers, se retrouve bloqué avec lui. Au milieu des eaux boueuses, Albie lutte pour sa survie.

337 **Une fille im-pos-sible (Senior)**
par Cynthia Voigt

À onze ans, Mina vit un rêve : un stage de danse classique. À douze ans, le rêve se brise. Son corps s'est transformé trop vite, et Mina maîtrise mal ce bouleversement. Meurtrie, elle s'interroge : seule Noire du groupe, n'est-ce pas la raison de son exclusion ? Mais Mina a de la volonté. Rien ne saurait l'arrêter, même pas le caractère d'oursin d'une certaine Dicey Tillerman.

338 **Passage de la Main-d'Or**
par Laurence Lefèvre

Estelle et Antoine Bonnard, leurs enfants -Victor et Indiana-, emménagent dans un vieil atelier du XIe arrondissement de Paris. Indiana rencontre un curieux jeune Anglais amnésique. D'où vient-il ? Pourquoi a-t-il si peur des chats ? Un vent de folie souffle sur le passage de la Main-d'Or.

339 **Des ombres sur l'étang**
par Alison Cragin Herzig

Jill et Marion se retrouvent chaque été dans le Vermont. Leur domaine secret se cache au milieu d'un étang formé par un barrage de castors. Cet été-là, les castors sont menacés par un trappeur. Les deux amies décident de protéger leur territoire.

340 **Face au danger. Le train des Orphelins.**
par Joan Lowery Nixon

Ce troisième livre nous narre la vie de Maguy. Celle-ci est heureuse d'avoir été choisie par un couple plein de gentillesse, elle pense avoir enfin conjuré le mauvais sort qui s'acharnait sur elle et les siens. Pourtant de nouvelles épreuves l'attendent. Confrontée au danger, Maguy découvre son courage et sa force morale.

UNE PRODUCTION DU PÈRE CASTOR FLAMMARION

Bibliothèque de l'Univers
Isaac Asimov

La Bibliothèque de l'Univers :
des photos surprenantes, des dessins suggestifs, des textes vivants et parfaitement à jour qui nous éclairent sur le passé, le présent et l'avenir de la recherche spatiale.

> *«Mon message, c'est que vous vous souveniez toujours que la science, si elle est bien orientée, est capable de résoudre les graves problèmes qui se posent à nous aujourd'hui. Et qu'elle peut aussi bien, si l'on en fait un mauvais usage, anéantir l'humanité. La mission des jeunes, c'est d'acquérir les connaissances qui leur permettront de peser sur l'utilisation qui en est faite.»* Isaac Asimov

«Avec cette nouvelle collection de trente-deux livres, tous les futurs conquérants de la galaxie vont s'installer en orbite autour de la planète lecture ! Isaac Asimov, un grand écrivain de science-fiction, raconte l'aventure des fusées, des satellites et des planètes. (...)
Des livres remplis d'images et de photos, indispensables pour tous les scientifiques en herbe ! »

Titres parus :

- Les astéroïdes
- Les astronomes d'autrefois
- La colonisation des planètes et des étoiles
- Comètes et météores
- Les comètes ont-elles tué les dinosaures ?
- Comment est né l'Univers ?
- Fusées, satellites et sondes spatiales
- Guide pour observer le ciel
- Jupiter : la géante tachetée
- La Lune
- Mars, notre mystérieuse voisine
- Mercure : la planète rapide
- Les mythes du ciel
- Neptune : la planète glacée
- Notre système solaire
- Notre Voie lactée et les autres galaxies
- Les objets volants non identifiés
- Pluton : une planète double ?
- La pollution de l'espace
- Pulsars, quasars et trous noirs
- Saturne et sa parure d'anneaux
- Science-fiction et faits de science
- Le Soleil
- La Terre : notre base de départ
- Uranus : la planète couchée
- Vie et mort des étoiles
- Vols spatiaux habités
- Y a-t-il de la vie sur les autres planètes ?

A paraître :

- Les programmes spatiaux dans le monde
- Vénus derrière ses voiles
- Astronomie : mode d'emploi
- Etre astronome aujourd'hui

Demandez-les à votre libraire

Cet
ouvrage,
le deux cent
cinquantième
de la collection
CASTOR POCHE,
a été achevé d'imprimer
sur les presses de l'imprimerie
Brodard et Taupin
à La Flèche
en décembre
1991

Dépôt légal : avril 1989.
N° d'Édition : 16803. Imprimé en France.
ISBN : 2-08-161972-5
ISSN : 1147-3533
Loi n° 49-956 du 16 juillet 1949
sur les publications destinées à la jeunesse.